Holzschnitzen

franckh

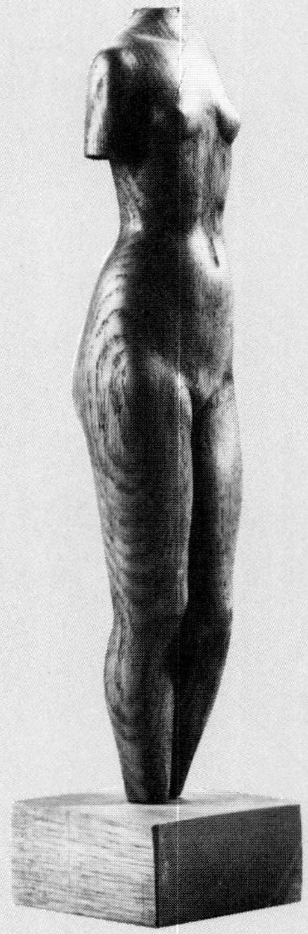
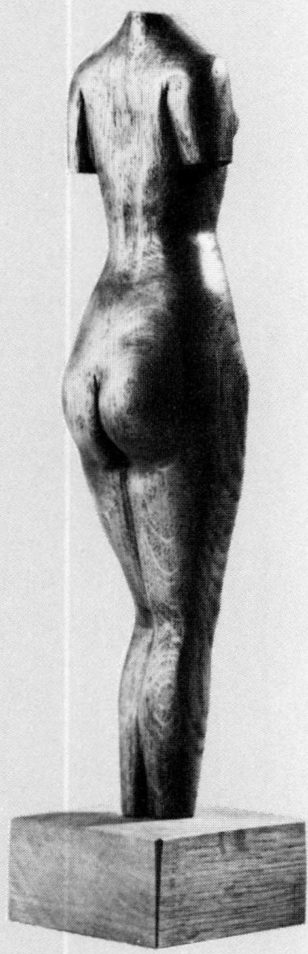
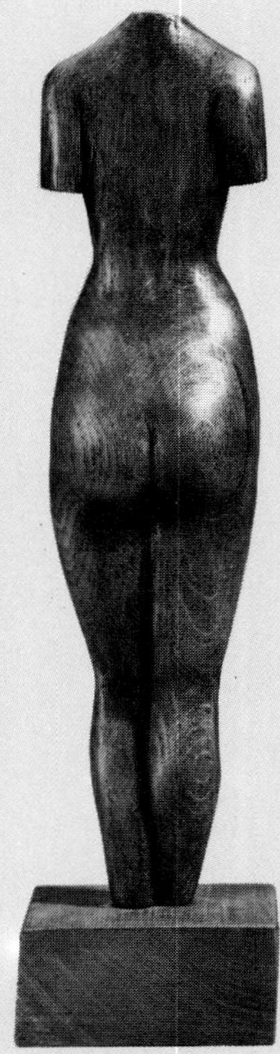

Friedemann und Karin Lechler

Holzschnitzen

Ein Anleitungsbuch

Franckh'sche Verlagshandlung
Stuttgart

franckh

111 Schwarzweißfotos im Text von Peter Vollmer, Sigrid Berndal, Friedrich Diesener und Karin Lechler sowie
63 Zeichnungen von Karin Lechler und Ute Stechowsky

Umschlaggestaltung von Alice Dietrich unter Verwendung zweier Dias von Karin Lechler

Abb. 1 (Seite 2). Frauen-Torso

Das Foto auf der hinteren Umschlaginnenseite zeigt ein Relief (Schülerarbeit der Realschule Stuttgart-Feuerbach).

CIP-Kurztitelaufnahme der Deutschen Bibliothek

Lechler, Friedemann:
Holzschnitzen: e. Anleitungsbuch / Friedemann u. Karin Lechler. – Stuttgart: Franckh, 1986.
ISBN 3-440-05676-7
NE: Lechler, Karin:

Franckh'sche Verlagshandlung, W. Keller & Co., Stuttgart/1986

Printed in Germany/Imprimé en Allemagne
L 9 mm H os/ISBN 3-440-05676-7
Gesamtherstellung: Wilhelm Röck, Weinsberg

Inhalt

An dieser Stelle möchte ich all denen danken, die durch praktische Hilfe und kritische Begleitung zum Gelingen dieses Buches beigetragen haben, insbesondere ehemaligen Kollegen von der Meisterschule für Holzbildhauer in Stuttgart, der freien Waldorfschule Uhlandshöhe, Frau Ute Stechowsky, meiner Frau Karin sowie meinen beiden Brüdern Rainer und Dankwart Lechler.

Friedemann Lechler

Vorwort

Holz als Werkstoff wird immer viele Freunde haben, weil es ein lebendiges und sehr vielseitiges Material ist. Im Gegensatz zu vielen anderen Werkstoffen ist das Holz von organischer Beschaffenheit. Es lebt! Auch wenn der Baum längst gefällt, das Holz geschnitten, getrocknet und verarbeitungsfähig ist, behält es seinen lebendigen Charakter – ja sogar im fertigen Werkstück arbeitet es noch.
Mit Holz läßt sich fast alles anfangen. Wir können es spalten, sägen, hobeln, feilen, schleifen und schnitzen. Wer aber daraus den Schluß zieht, Holz sei ein bequemer Werkstoff, der wird bald seine Überraschung erleben; kein anderes Material zeigt so viel Eigenwilligkeit, verlangt so viel Einfühlungsvermögen.
Wer sich einem so eigenwilligen Werkstoff zuwendet, muß seine Eigenschaften kennenlernen. Holz hat seine ganz eigenen Gesetzmäßigkeiten, die von seinem jeweiligen natürlichen Wuchs und seiner spezifischen Beschaffenheit herrühren. Holz ist eine eigenwillige Geliebte, die erobert sein will!

Für den Freund dieses schönen, lebendigen Materials soll dieses Buch ein Wegweiser sein, ein kundiger Begleiter für die ersten, manchmal mühsamen Schritte.
In einem ersten Teil möchte dieses Buch zum Werkstoff Holz hinführen, zu seinen Eigenschaften, Eigenheiten und Möglichkeiten. Im zweiten Teil werden die Hilfsmittel vorgestellt, die zur Bearbeitung des Holzes entwickelt wurden oder sich verwenden lassen. In einem dritten Teil führt das Buch in die Grundtechniken der Holzbearbeitung anhand zahlreicher Beispiele ein, die ein aufbauendes Lernprogramm darstellen, ohne daß sich der Interessent sklavisch daran halten müßte.
Der Text ist bewußt knapp gehalten. Dort, wo es angezeigt ist, werden die entsprechenden Fachwörter erklärt. Das beigefügte Bildmaterial will über die Beschreibung hinaus veranschaulichen, erläutern und den Text ergänzen. Das Sachregister am Schluß des Buches ermöglicht eine rasche Orientierung, um den Stoff für den Nicht-Fachmann leichter zugänglich zu machen.

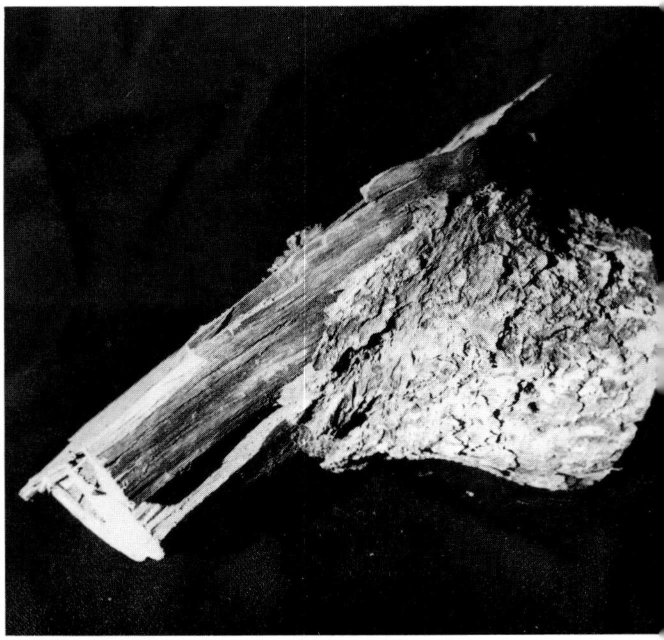

Kleine Holzkunde

Die Menschen der älteren Steinzeit besaßen nur ein Werkzeug, den Faustkeil. Diesen benutzten sie zur Bearbeitung von Knochen und Holz. Besonders letzteres bot sich als Werkstoff an, weil es sich in einer Zeit, da dem Menschen das Metall noch unbekannt war, mit dem Feuerstein relativ leicht bearbeiten ließ. Man konnte hauen, bohren, ritzen, schaben usw. Unsere Vorfahren entwickelten unglaubliche Fertigkeiten mit ihrem primitiven Handwerkszeug – die Funde beweisen das. Geräte, Waffen und Werkzeuge wurden bearbeitet, verziert und reichlich ausgeschmückt.
Im Lauf der Jahrhunderte wurde Holz aber nicht nur zum Bauen und für Geräte verwendet. Vielmehr nimmt man an, daß manche Kulturen, die zu einer monumentalen Steinskulptur gefunden haben – etwa die Griechen –, wegen der leichteren Bearbeitung mit Holzbildwerken begannen. Aufgrund der Vergänglichkeit des Materials blieb uns allerdings nur wenig davon erhalten.
Die Ägypter schufen Holzplastiken von großer formaler Geschlossenheit, ähnlich wie wir dies von Plastiken aus Afrika und der Südsee kennen.
Die Möglichkeit, Holz viel leichter als etwa Stein höhlen zu können, nutzten die deutschen Holzschnitzer des 15. und 16. Jahrhunderts aus, um ihre Figuren aus tiefen Faltenhohlräumen der Gewänder aufsteigen zu lassen. Demgegenüber hat in neuerer Zeit Ernst Barlach geschlossene plastische Massen auch in Holz gestaltet.

Abb. 2–5 Holz lebt!

Dem jeweiligen Kunstgeschmack entsprach auch eine sehr unterschiedliche Verwendung der Holzsorten. So war Lindenholz, weil es weich, aber doch verhältnismäßig dicht ist, vom Mittelalter bis zum Rokoko das bevorzugte Schnitzholz. In Norddeutschland schätzte man die Eiche, am Rhein und in Frankreich das Nußbaumholz. Von den Weichhölzern wurden Pappel und ab und zu auch Kiefer verwendet. Für Kleinplastiken boten sich dichte Obsthölzer an, daneben Ahorn und, vor allem im 16. Jahrhundert, Buchsbaum.
Ist es also verwunderlich, wenn sich der Mensch auch (oder gerade?) heute zu diesem wohlbekannten Material hingezogen fühlt? In unserer hochtechnisierten Welt wollen immer mehr Menschen wieder selbst mit eigenen Händen etwas gestalten, kreativ tätig sein.
Was aber bietet das Holz außerdem, um als Freizeitbeschäftigung so attraktiv zu sein? Antwort: Alles, was andere Hobbys nicht so komplett in sich vereint aufzuweisen haben:

- einfache Beschaffung des Materials;
- eine preiswerte Grundausstattung im Vergleich zu unzähligen anderen Hobbys;
- Unabhängigkeit von Witterung und Jahreszeiten;
- wenig Platz und relativ geringer Lärm;
- rascher Erwerb von Grundkenntnissen, so daß bald nützliche und ästhetisch reizvolle Gegenstände entstehen können.

Allerdings sei eine Warnung erlaubt: So wie ein nicht exakt gestimmtes Musikinstrument für den Spielenden und die Zuhörer gleichermaßen zur Qual werden kann, so verhält es sich auch beim Schnitzen mit dem Werkstoff und dem Werkzeug. Beides bedarf der größten Sorgfalt: die Auswahl des Werkstücks sowie die Pflege des Werkzeugs!

Wie sieht Holz aus?

Um mit Holz sinnvoll arbeiten zu können, ist es gut, sich zunächst grundsätzlich mit diesem Werkstoff zu befassen. Deshalb hier einiges zum Aufbau bzw. Wachstum des Holzes:
Der unterschiedliche Aufbau des Holzes macht die Eigentümlichkeit der einzelnen Holzarten aus, die wir bei unserer Arbeit mit dem Werkstoff berücksichtigen müssen. Um die Natur der Holzarten beurteilen zu können, betrachten wir seinen organischen Aufbau zunächst an einem Stammquerschnitt.

Die Jahresringe

Als erstes fallen an der Schnittstelle konzentrische Kreise auf, die Jahresringe. Sie geben die Lebensgeschichte des Baumes wieder. Genau genommen besteht jeder Jahresring aus zwei Ringen: einem hellen und einem dunklen, schmalen Ring; beide zusammen bedeuten den Zuwachs in einem Jahr. Bei den Laubhölzern ist – im Gegensatz zu den Nadelhölzern – der Spätholzring hell, während der Frühholzring dunkel erscheint und kleine, aber dichte und feste Zellen besitzt. Der Grund hierfür ist, daß der Laubbaum im Frühling seine Nährstoffe zunächst für die Bildung der Blätter benötigt und in dieser Zeit wenig davon für das Dickenwachstum abgeben kann.
Exotische und tropische Hölzer haben meist keine Jahresringe, da weder eine Wachstumsunterbrechung noch eine Wachstumsveränderung durch klimatische Verhältnisse eintritt.
Die Entfernung zwischen den einzelnen Jahresringen kann bis zu einem Zentimeter betragen, oft macht sie aber auch nur Bruchteile eines Millimeters aus. Holz mit weiten Jahresringen, das auf gutem Boden schnell gewachsen ist, bezeichnet man als *grobjährig*. Zum Schnitzen ist es weniger gut geeignet. Liegen die Jahresringe eng beieinander, so deutet dies darauf hin, daß das Holz langsam gewachsen ist. Es ist bedeutend wertvoller und eignet sich ausgezeichnet für unsere Zwecke. Man kann an den Jahresringen aber nicht nur das Alter eines Baumes ablesen, sondern auch, ob es ein feuchtes oder trockenes Jahr war (Stärke der Ringe) und ob der Baum auf feuchtem oder trockenem, fettem oder magerem Boden gewachsen ist.

Mark, Kern, Splint und Rinde

Beim Blick auf den Stammquerschnitt können wir vier, durch Farbe und Struktur meist deutlich voneinander getrennte Zonen unterscheiden: in der Mitte eine kleine, mit markähnlichem Gewebe gefüllte Röhre – die *Markröhre* oder das *Herz*; darauf folgend der breiteste Ringstreifen, der *Kern* bzw. das *Kernholz*, das dunkel und hart ist. Dieser Teil ist am wertvollsten, weil er, wie man sagt, »ausgereift« ist; dann folgt ein hellfarbiger Ring aus noch unverfestigtem Holz, das weitgehend an der Wasserversorgung des Baumes beteiligt ist; es ist zum Teil recht mürbe, oft wertlos – der sogenannte *Splint*. Schließlich kommt die *Borke* oder *Rindenschicht*.
Die Fähigkeit eines Baumes, einen Kern zu bilden, ist ein Qualitätsmerkmal. Zu den sogenannten Kernholzbäumen gehören Eiche, Akazie, Edelkastanie, Lärche, Pappel, Platane und Kiefer. Sie sind im Holz zweifarbig. Demgegenüber können Ahorn, Birke, Erle, Weißbuche und andere nur Splintholz ausbilden, weshalb ihr Holz bis ins Mark einfarbig ist.

Das Zellgefüge des Holzes

Schneidet man den Stamm entlang seiner Längsachse auf, so entsteht der Radial- oder Spiegelschnitt. Dabei sind die Jahresringe als senkrechte parallele Streifen zu sehen, die in der Querrichtung von Markstrahlen durchschossen werden. Markstrahlen sind Speisezellen. Werden sie beim Radialschnitt der Länge nach aufgeschnitten, so treten sie als glänzende Flächen oder Spiegel hervor (deshalb gibt es die Bezeichnung »Spiegelschnitt«). Man unterscheidet in dem in Wuchsrichtung des Holzes stehenden Zellengefüge je nach Aufgabe *Stütz-* oder *Festigkeitszellen*, die, wie der Name sagt,

Abb. 6 Stamm mit ausgenommenem Kernstück

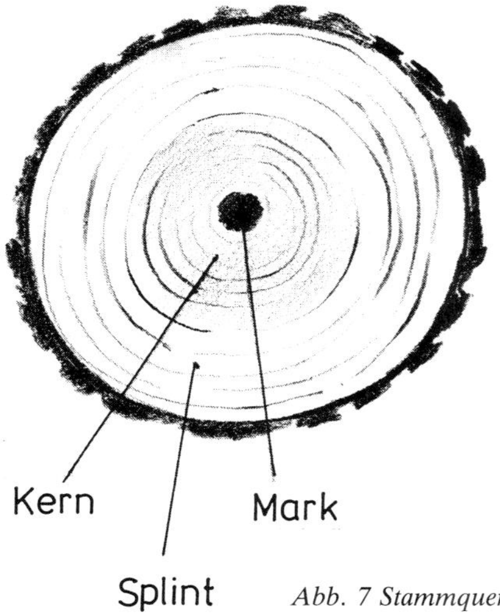

Abb. 7 Stammquerschnitt

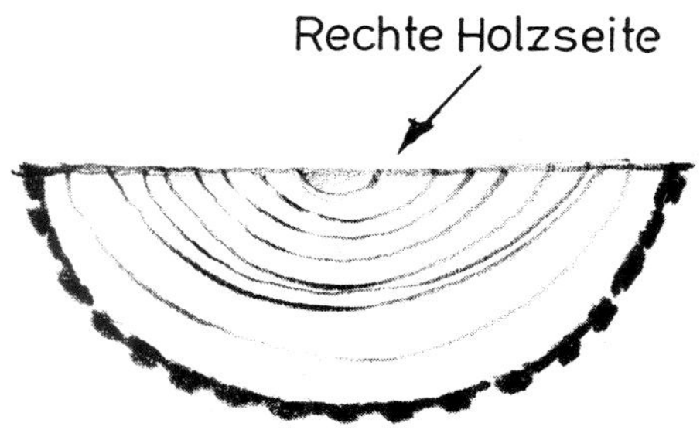

Abb. 8

Abb. 9 Borke oder Rindenschicht

der Verfestigung des Holzes dienen, und *Leitzellen*, die mit den Markstrahlen verbunden sind und den vertikalen Transport von Wasser und Aufbaustoffen ermöglichen. Diese Zellen sind im Holz zu einem festen Gefüge verbunden, dessen Struktur und Dicke bei jeder Holzart verschieden ist und die Besonderheiten des Holzes bestimmt.
Laubhölzer, die eine besonders glatte Oberfläche besitzen (Erle, Ahorn etc.), bezeichnet man als *feinporige Hölzer*. Andere wie Eiche, Rüster (Ulme), Esche zeigen im Querschnitt die Poren als kleine Löcher und im Längsschnitt aufgeschnittene Poren als kleine Rillen oder Ritzen. Man nennt sie *grobporige Hölzer*.

Holz macht erfinderisch

Welches Holz eignet sich zum Schnitzen? »Nehmet Holz vom Fichtenstamme« riet Schiller in seinem »Lied von der Glocke«. Aber nicht immer ist dieser Rat sinnvoll. Denn Holz ist nicht gleich Holz. Schon der Laie weiß zumindest, daß es hartes und weiches, nasses und trockenes, astreiches und glattes Holz gibt. Welches Holz aber soll man letztendlich verwenden? Im folgenden sollen die wichtigsten Hölzer und ihre Verwendbarkeit kurz beschrieben werden, damit wir immer die richtige Holzwahl treffen.

Die wichtigsten Holzarten

Birnbaum

Rötlichbraun, verändert seine Farbe nach der Bearbeitung und nach dem Trocknen an der Luft; gleichmäßige Maserung. Dieses Holz wird beim Trocknen sehr hart und eignet sich ausgezeichnet für kleine bis mittlere Arbeiten; auch zum Reliefschnitzen sehr gut geeignet.

Buche

Weiß mit rötlicher Färbung. Das frisch geschlagene Holz läßt sich sehr gut bearbeiten. Auch das getrocknete Holz ist ein gutes Schnitzholz, leistet aber mehr Widerstand. Es wird auch für Bugholzmöbel verwendet, da es sich sehr gut biegen läßt.

Apfelbaum

Rötlichbraun; ist sauber zu schneiden und hat beim Schnitzen eine feste Kante. Der Geruch ist, wie bei jedem Obstbaum, sehr angenehm.

Birke

Gelb-weiß bis rötlichbraun, mit weicher, aber zäher Oberfläche.
Übrigens: Die deutsche Birke wird beim Einölen nach dem Bearbeiten des Holzes wesentlich dunkler und ist dann kaum mehr als Birkenholz zu erkennen. Es eignet sich gut als Schalenholz für Briefschalen. Ferner kann man es für Obst- oder für Nußschalen verwenden. Sehr schön ist es auch für Kerzenleuchter oder Tierformen.

Eiche

Gelb- bis rotbraun gemasert. Sehr begehrtes, aber hartes Holz. Eichenholz enthält eigene Gerbsäure, weshalb es sich mit Hilfe von Salmiakgeist auch räuchern bzw. künstlich altern läßt. Splintholz sollte man bei Eiche immer zuerst enfernen, da es nicht stabil ist und leicht fault.

Kirschbaum

Oft geflammte Maserung, im Untergrund hellgelb bis rotbraun gestreift. Bei starker Maserung entsteht ein warmer Glanz bei der Bearbeitung, den man durch Einölen verstärken kann. Bei der Gestaltung, vorwiegend von größeren Arbeiten, sollte die kräftige Maserung

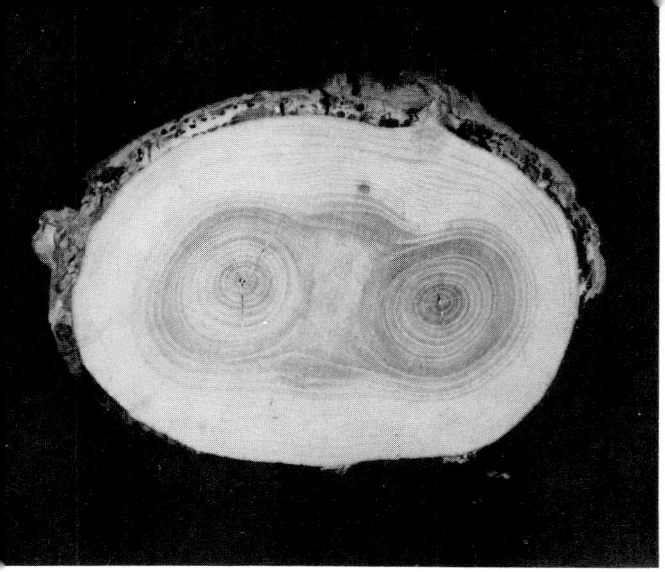

▲ *Abb. 10 Rüster (Ulme)*

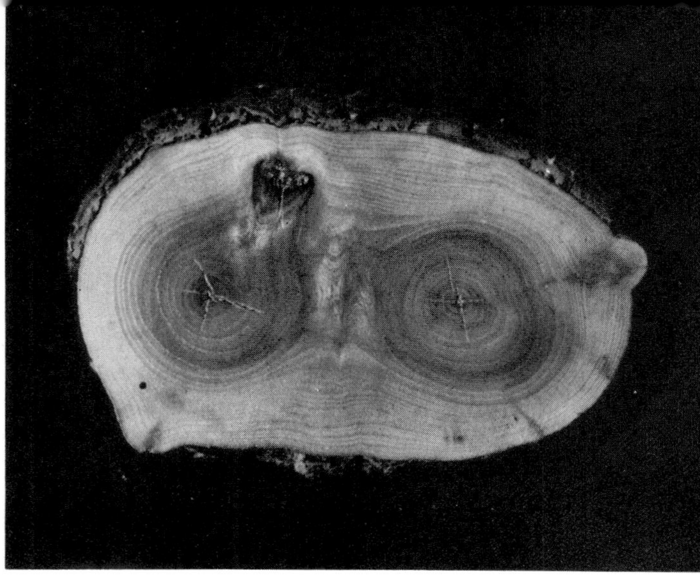

▲ *Abb. 11 Kirschbaum*

▼ *Abb. 12 Akazie*

▼ *Abb. 13 Zwetschgenbaum*

▼ *Abb. 14 Eiche*

▼ *Abb. 15 Arve (Zirbelkiefer)*

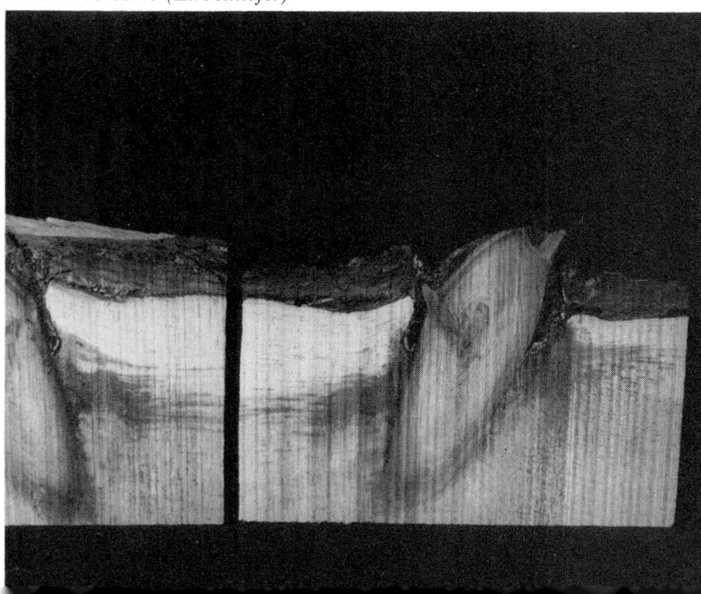

unbedingt berücksichtigt werden. Es eignet sich gut für Gebrauchsgegenstände aller Art, ähnlich wie Birkenholz.

Linde

Weißgelblich bis hellrötlich. Eignet sich gut zum Beizen und für Farbbehandlung. Es hat eine unauffällige, gleichmäßige Struktur und ist wegen seiner Weichheit als Schnitzholz sehr beliebt. Lindenholz eignet sich hervorragend für figürliche Darstellungen.

Nußbaum

Je nach Sorte graubraun bis rötlichbraun geflammt, mit ausdrucksvoller, dunkelstreifiger Maserung. Dieses Holz ist feinfaserig, mittelhart und sehr gut zum Schnitzen geeignet. Man sollte es erst nach den ersten Übungen einsetzen, wenn man sich in der Faserrichtung schon leidlich auskennt.

Palisander

Exotisches Holz mit tiefschwarzen Adern auf schokoladenbraunem Grund. Es ist zwar sehr hart und spröde, aber trotzdem recht gut zu bearbeiten. Durch seine ungewöhnliche Oberfläche ist es ein echter Außenseiter. Sehr gut geeignet vor allem für gegenstandslose Arbeiten. Durch Wachsen und Mattieren kommt seine interessante Struktur noch mehr zur Geltung.

Holz arbeitet, schwindet, quillt

Unter »arbeiten« des Holzes versteht man Formveränderungen, die durch den permanenten Feuchtigkeitsaustausch des Holzes mit der umgebenden Luft hervorgerufen werden. Wenn das Holz Feuchtigkeit abgibt, verengen sich die Zellzwischenräume, das Holz »schwindet«. Steigt der Feuchtigkeitsgehalt der Luft, oder legt man beispielsweise Holz, das lange der Sonne ausgesetzt war, ins Wasser, so weiten sich die Zellzwischenräume, das Holz »quillt«. Aus dem, was wir oben über das Zellgefüge des Holzes gesagt haben, läßt sich leicht verstehen, daß der Schwund bei jungem Holz wesentlich größer als bei älterem Holz ist, da sein Zellgefüge mehr Feuchtigkeit enthält. Wo solche unterschiedlichen Holzteile fest nebeneinander liegen, besteht die Gefahr, daß das Holz reißt, etwa ein Stück Baumstamm, das ungeschützt der Sonne ausgesetzt ist.

Abb. 16 Wenn Holz schlecht gelagert wird, besteht die Gefahr, daß es reißt.

Kleine Werkzeugkunde

Da liegt nun also ein prächtiges Stück Holz vor uns, gut abgelagert und bereits zurechtgesägt. Nun heißt es: »Meister, schlag zu!« Aber womit? Natürlich mit einem Werkzeug. Prüfen wir unser Arsenal.

Das Werkzeug des Holzschnitzers ist, wie beim Steinhauer, der Meißel. Da wir aber lieber vom Holz*schnitzer* als vom Holzbildhauer sprechen, nennen wir unsere Geräte der leichteren Form wegen nicht Meißel, sondern Schnitzeisen.

Schnitzeisen bestehen wie Stechbeitel (Stemmeisen) aus einer Klinge mit Schneide, der Krone, der Angel, dem Griff und der Zwinge. Schauen wir uns zunächst einmal die gängigen Bildhauereisen näher an.

Abb. 17

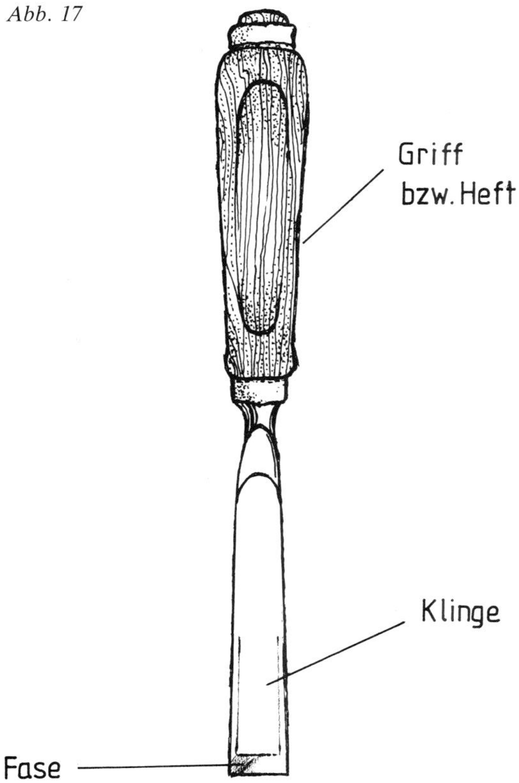

Flacheisen: Sie haben eine gerade bzw. wenig gewölbte Schneide und besitzen eine niedere Stichnummer (1–3).

Hohleisen: Man nennt sie auch »Bohrer«. Wie schon an der Bezeichnung zu erkennen ist, haben sie eine mehr oder weniger stark ausgehöhlte Schneide, d. h., auch eine höhere Stichnummer (4–12).

Geißfüße: Hierbei handelt es sich um Eisen mit einem V-förmigen Querschnitt. Sie dienen vor allem zum Schneiden von Schriften oder zur Entfernung von kleinen Holzspänen, die manchmal stehenbleiben, wenn zwei Schnitte gegeneinander laufen.

Schweizereisen: Man benutzt sie gerne zum Anschlagen und zum Bearbeiten von groben Arbeiten. Sie zeichnen sich durch hohe Festigkeit und Stabilität aus. Die gebräuchlichen Breiten liegen zwischen 60 und 100 Millimeter. Die Schweizereisen unterscheiden sich auch in ihrer Form von anderen Eisen, sind jedoch in allen gebräuchlichen Stichen zu haben.

Mit Raspeln und Feilen bearbeitet man geschwungene Flächen und Kanten, die nicht gehobelt werden können.

Raspeln: Die Holzraspel besteht aus einem Raspelkörper mit versetzt stehenden Zähnen und aus der Angel, die zur Befestigung des Heftes dient. Die Zähne, die das Holz zerspanen, bezeichnet man nach ihrer Form als »Pokkenhieb«. Je nach Größe und Abstand der Hiebe arbeitet die Raspel grob, halbfein oder fein. Nach der Form des Raspelkörpers unterscheiden wir Flachstumpf-, Flachspitz-, Halbrund-, Kabinett- (flachhalbrund) und Rundraspeln. Diese sind im Handel in verschiedenen Längen erhältlich: 200, 250 und 300 Millimeter, und in verschiedenen Hieben: Hieb 1 (grob), Hieb 2 (mittel) und Hieb 3 (fein).

Feilen: Feilen bestehen aus einem Feilenkörper und der Angel für den Feilengriff. Für die Holz-

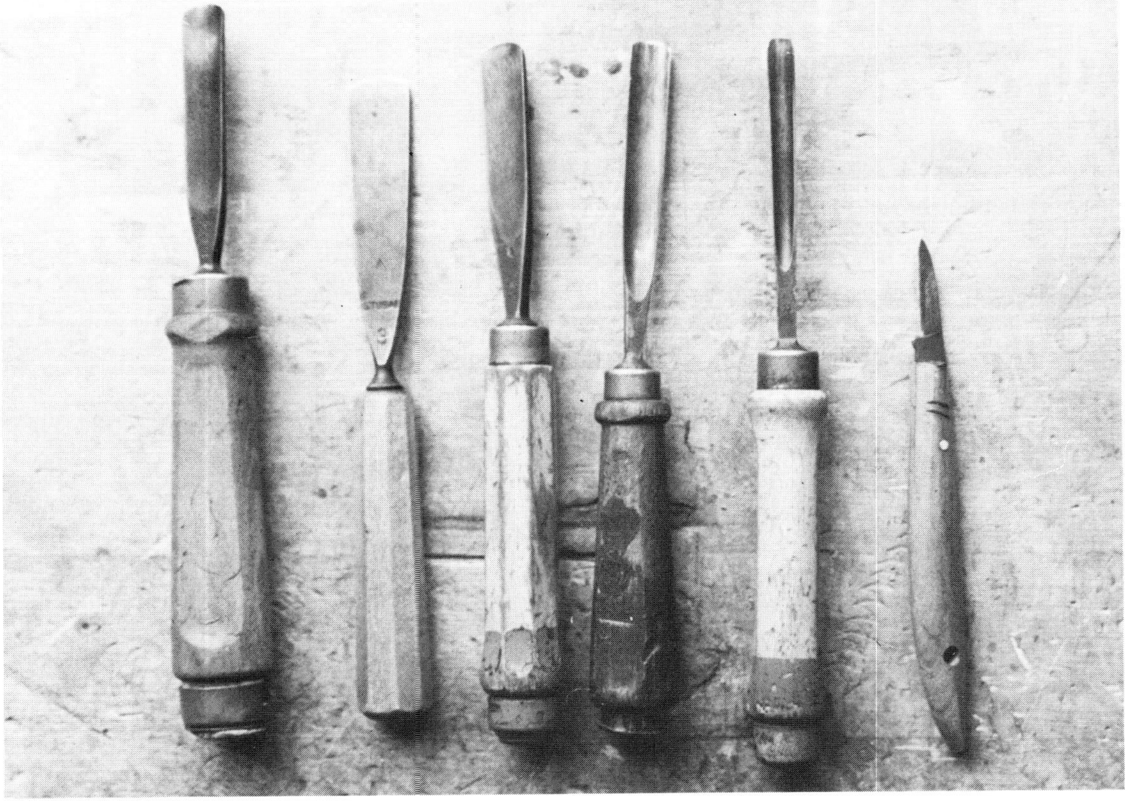

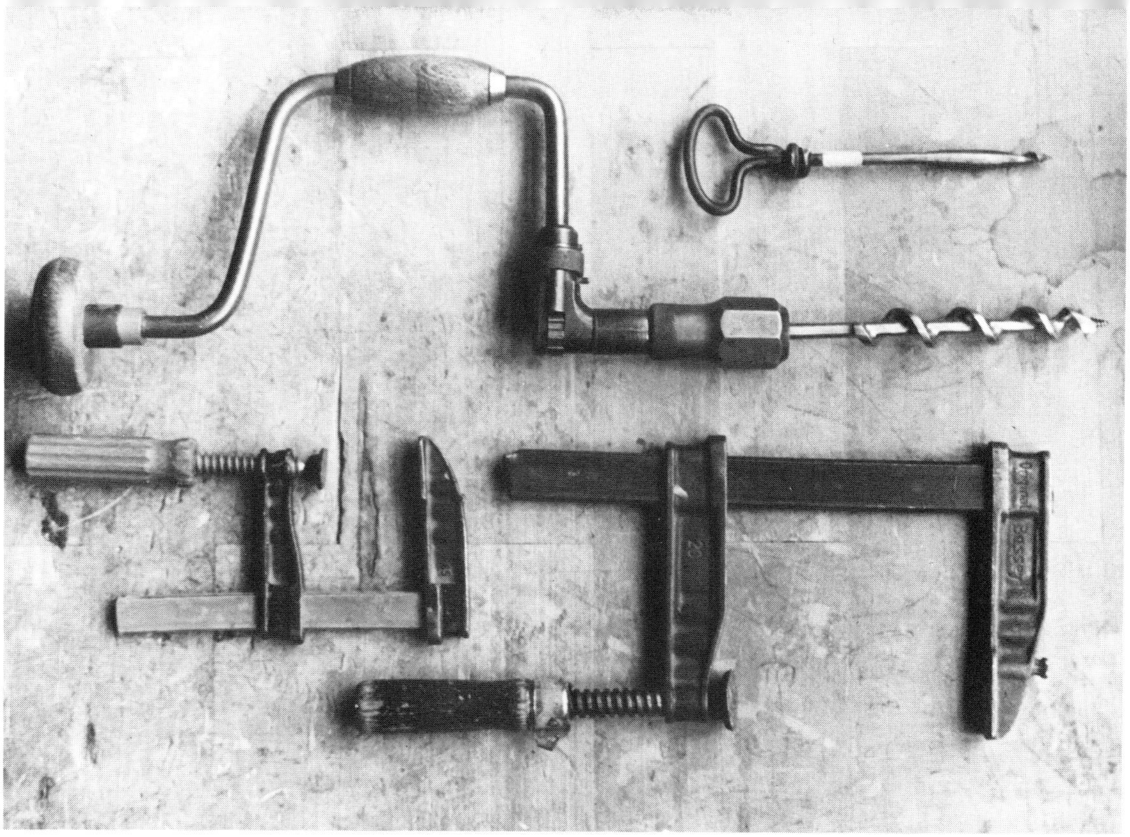

Abb. 18 In etwa eine Grundausstattung (von li. nach re.): Hohleisen, flachhohles Handschnitzeisen, Hohleisen, Bohrer verschiedener Breite, Handschnitzmesser

▲ *Abb. 20 Schraubzwingen, Bohrwinde, Nagelbohrer*

Abb. 19 Verschiedene Schnitzeisen für größere Arbeiten (von li. nach re.): Bohrer, Tirolereisen, Schweizer Eisen, Bohrer zum Handschnitzen, Klöpfel (Klüpfel)

Abb. 21 Unter »Stich« versteht man die Querschnittform eines Eisens, also ob es gerade, gewölbt oder hohl ist. Die Stichnummer 1 bezeichnet ein völlig gerades Eisen (Stechbeitel), Nr. 2 ein schwach-hohles, usw. bis Nr. 12 – ein sehr stark hohles Eisen. Je höher die Stichnummer, desto hohler ist die Schneide des Eisens.

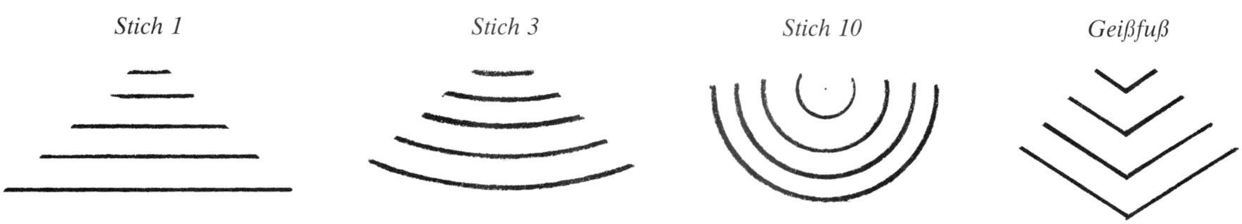

Abb. 22 Holzraspeln in verschiedenen Längen und Hieben

bearbeitung verwendet man vorwiegend die Flach-, Flachrund-, Halbrund- und die Rundfeile. Diese Feilen dienen zum Glätten der durch Raspeln grob geformten rauhen Holzoberfläche. Sie werden, wie die Raspeln, in verschiedenen Längen (150 bis 300 Millimeter) und Hieben (Hieb 1 = grob, Bastardhieb 2 = mittel, halbschlicht, Hieb 3 = fein, schlicht) angeboten.

Schleifpapier: Schleifpapier läßt sich zum Glätten und Säubern der Holzoberfläche einsetzen. Es besteht aus einer festen Unterlage von Papier oder Leinwand, auf der sich die Schleifschicht befindet. Die Schichten beim Schleifpapier können aus Glas-, Korund-, Silizium- oder Flintkorn bestehen. Die Unterlage ist imprägniert, weshalb man das Schleifpapier zum Trocken- und zum Naßschleifen verwenden kann. Die Feinheitsgrade der Papiere sind in Nummern angegeben. Rauhes Schleifpapier, das man nach dem Feilen einsetzt, trägt die Ziffern 40 bis 60, je nach Holzart. Für die Feinbearbeitung benutzt man die Nummern 80/100 bis 120/180. Man setzt das Schleifpapier so lange in Richtung der höheren Nummern ein, bis die Oberfläche die gewünschte Glätte hat.

Das Schleifen der Eisen

Sind unsere Schnitzeisen wirklich scharf? Wie müssen sie geschliffen sein, damit man optimal damit arbeiten kann? In der Regel benutzt man lang angeschliffene Eisen, da die-

a *b* *c*

Abb. 23a Guter Winkel, ein langer Anschliff, der sich für weiches Holz gut eignet.
b Hier ist der Winkel genauso gut wie bei Abb. 23a, nur wippt die Schneide nach dem Abziehen etwas zu hoch.
c So ist der Anschliff zu kurz. Dieses Eisen würde immer aus dem Holz herausspringen.

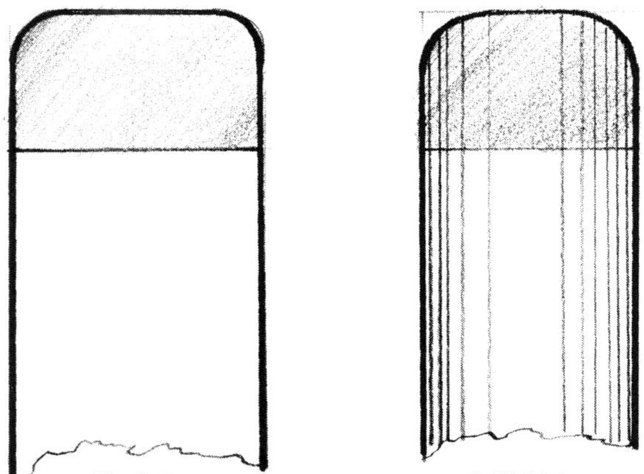

a Flacheisen *b Hohleisen*

Abb. 24a+b Diese Eisen sind falsch angeschliffen. Durch das Abrunden an den Kanten ist die Stichbreite zu schmal geworden. Der Anschliff ist in diesem Fall auch noch zu kurz und zu rund. Ein flaches Eisen schneidet so nur mit einem Teil, der flach auf dem Holz aufliegt. Ein Hohleisen würde praktisch nichts mehr bzw. auf jeden Fall zu spät an den hochgezogenen Rändern schneiden.
Gerade Eisen, die man zum Abkerben einsetzt, z. B. bei Schrift oder anderen Kerbarbeiten, sollten immer ganz gerade geschliffen sein.

se leichter und weicher ins Holz eindringen. Beim Arbeiten mit dem Klüpfel (Holzhammer) können die Eisen etwas kürzer angeschliffen sein. Dies hängt von der Härte des Holzes ab. Gut abgelagertes Holz läßt sich besser mit kürzer angeschliffenen Eisen bearbeiten. Der Anschliff des Eisens darf aber wiederum nicht so kurz sein, daß das Eisen wieder aus dem Holz herausspringt. Auf keinen Fall darf der Anschliff so kurz sein, wie wir das bei den Meißeln für die Steinbearbeitung brauchen.

Was aber tun, um ein stumpfes, ja sogar schartiges Eisen wieder scharf zu machen? Die Hauptschleifarbeit wird mit der Hand oder mit einer elektrischen Schleifmaschine ausgeführt. In beiden Fällen muß das Eisen nach dem Schleifen noch von Hand »abgezogen« werden (s. Abb. 25). Damit erhält es den sogenannten Feinschliff. Beim Eisen kommt es jedoch, wie bereits angedeutet, nicht nur auf die Schneide an, sondern auch auf die Form der Rutschfläche, die »Fase«. Ihr gilt beim Schleifen mit der Maschine oder von Hand unsere ganze Aufmerksamkeit. Dazu folgende goldene Regeln:

- Das Eisen an der Schleifmaschine hinten mit dem Heft nicht zu hoch halten, sonst wird die Fase zu kurz;
- das Heft nicht zu niedrig halten, sonst wird die Fase zu lang;
- der richtige Mittelweg liegt bei einem Fasenwinkel von etwa 30°.

Häufig passiert es Anfängern, daß die Fase bucklig geschliffen wird. Am besten ist ein leichter Hohlschliff. Er entsteht durch die Rundung der Scheibe von selbst. Es gibt im Handel preiswerte Schleifmaschinen mit Sandstein und Schmirgelscheiben; allerdings sollten wir die Scheibe nicht zu klein wählen, da andernfalls der Hohlschliff leicht zu stark wird. Zum Anschleifen der Fase legen wir das Werkzeug auf die an der Maschine vorhandene Auflage, wodurch uns das Ansetzen im richtigen Winkel wesentlich erleichtert wird. Dabei ist zu beachten, daß sich die Schleifscheibe *gegen* das Eisen drehen muß (s. Abb. 26).

Besitzt man eine elektrische Schleifmaschine, so wird man diese zum Vorschleifen benützen; das geht erstens schneller, zweitens hat man beide Hände frei zum Halten des Eisens. Beim elektrischen Schleifen muß man daran denken, daß sich das Metall leicht überhitzt. Man stellt deshalb am besten ein Gefäß mit Wasser neben sich, in das man das Eisen immer wieder eintauchen kann. Sonst erhält man bei schlanken Eisen sehr schnell eine verbrannte Schneide, der Stahl wird weich. Dann aber ist ein Eisen unbrauchbar.

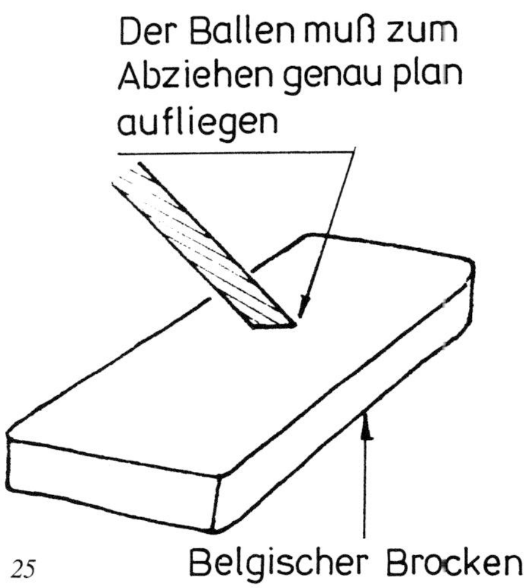

Abb. 25

Das Abziehen

Zum Abziehen des Eisens, d.h., des feinen Grates an der Schneidekante, der beim richtigen Schleifen entsteht, verwendet man entweder einen sog. belgischen Brocken oder einen Ölabziehstein. Am Anfang empfiehlt es sich, den Abziehstein flach auf den Tisch oder die Werkbank zu legen, oder sogar, wenn möglich, einzuspannen. Der Grat wird durch ständig wechselndes Bearbeiten der Vorder- und der Rückseite des Eisens abgeschliffen. Dabei ist darauf zu achten, daß die Eisen auf der geschliffenen Stelle immer gleichmäßig aufliegen, also nicht zu steil oder zu flach, da das Eisen sonst einen neuen Winkel bekommt. Es ist sehr wichtig, daß das Eisen immer in Kreisbewegung auf der Anschliffstelle hin und her bewegt

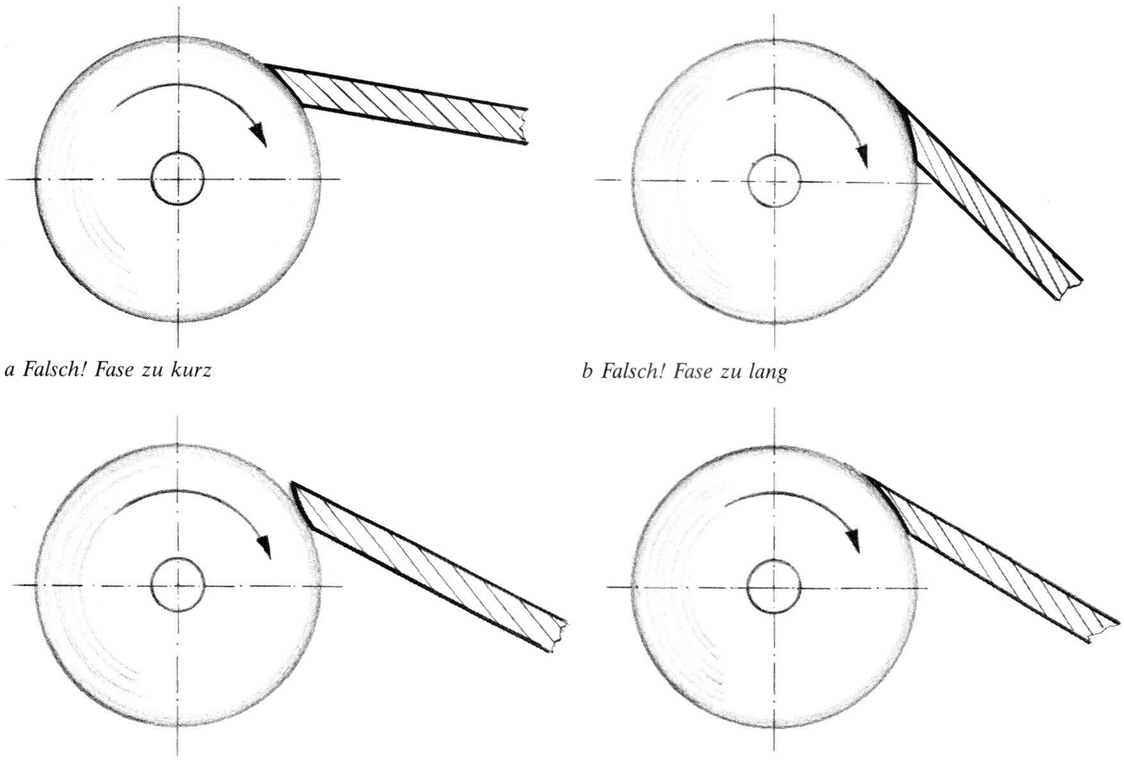

a Falsch! Fase zu kurz

b Falsch! Fase zu lang

c Falsch! Bucklige Fase

d Richtig! Mittelweg liegt bei einem Fasenwinkel von 30°

Abb. 26 Schleifen der Eisen

wird, ohne den Winkel zu verändern. Löst sich der Grat langsam ab und bleibt auf dem Schleifstein liegen, so muß man darauf achten, daß man mit dem Eisen nicht mehr in den Grat gerät, sonst kann das Werkzeug wieder schartig werden.

Gebogene Hohlbeitel, Bohrer sowie alle anderen hohlgeformten Eisen werden mit dem sogenannten Hohlmeißelstein immer im Wechsel von innen nach außen abgezogen. Ist das Eisen schließlich scharf geworden, so schwören manche noch auf einen Schlußabzug auf einem Lederriemen. Dieser Riemen ist manchem vielleicht vom Friseur her bekannt, der sein Rasiermesser immer wieder an einem Riemen abzieht.

Dem Schnitzer kann nur geraten werden, sich intensiv mit dem Schleifen des Werkzeuges zu befassen, damit er nicht jedes stumpf gewordene Eisen zum Schleifen weggeben muß. Die Anschaffung von Schleifwerkzeug lohnt sich. Für den Anfang genügen eine kleine Handschleifmaschine, ein Abziehstein und einige Hohlmeißelsteine. Das ist nicht allzu teuer.

Die Sägen

Zur Grundausstattung gehören noch einige andere Werkzeuge, die wir an dieser Stelle kurz nennen wollen. Eines der wichtigsten Werkzeuge für das Vorbereiten des Holzes ist die Säge. Sinnvoll eingesetzt, kann uns die Säge manche Stunde mühseliger Schnitz- und Feilarbeit ersparen.

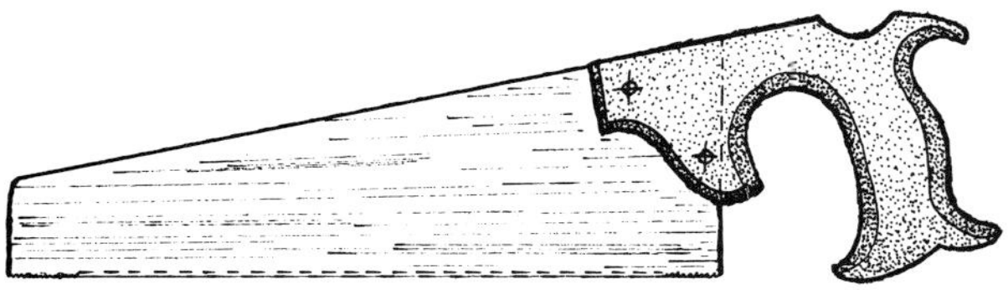

Abb. 27 Fuchsschwanz

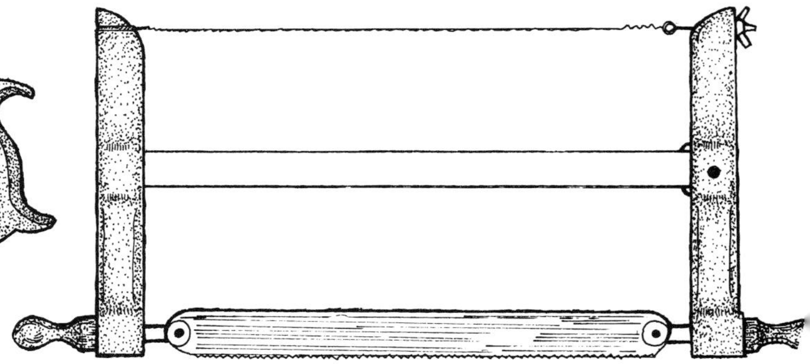

Abb. 28 Bügelsäge

Den *Fuchsschwanz* (s. Abb. 27) benutzen wir, um Holz quer zur Maserung zu schneiden. Wollen wir Holz in Faserrichtung trennen, nehmen wir die *Spann- oder Bügelsäge* (s. Abb. 28): Sie eignet sich besonders für längere Sägeschnitte.

Die *Laubsäge* eignet sich für gerade Schnitte genausogut wie für das Herausschneiden komplizierter Kurven. Sie ist sehr praktisch, um Grundformen kleinerer Arbeiten auszusägen. Um das abzutrennende Stück sauber auf das Holz zu zeichnen, benutzen wir einen *Zimmermannswinkel*. Für den Anfang zeichnen wir den Sägeschnitt auf allen vier Seiten des Holzes vor. Nach einigen Sägeübungen brauchen wir sicher nur noch eine Linie aufzuzeichnen, um gerade abzusägen.

Für das *Ansägen* mit der *Spannsäge* setzen wir die Säge auf das Holz auf und *ziehen* sie mit wenig Druck in Körperrichtung. Das wiederholen wir so oft, bis eine Rille im Holz entstanden ist. Dann setzen wir die Säge in die Rille ein und beginnen mit leichtem Druck nach vorne zu stoßen. Jetzt arbeiten wir nur noch vom Körper weg und nützen die volle Länge des Sägeblattes aus. Gegen Ende sägen wir langsamer und halten das abzuschneidende Stück fest, damit die Kante nicht splittert.

Abb. 29 Bügelsäge im Einsatz

Erste Schnitzübungen

Beim Plastizieren gelangt man zur Form, indem man Material hinzufügt, beim Schnitzen entsteht die Form durch Wegnehmen von Material. An der richtigen Stelle das Material wegzunehmen – das ist die Kunst des Holzschnitzens! Dieses Wegnehmen bzw. Wegschnitzen ist die handwerkliche Grundlage für alle Schnitzarbeiten.

Das Handschnitzen

Das Handschnitzen ist die erste Übung, die wir durchführen wollen. Es gibt Schnitzmesser, die an ein Taschenmesser erinnern, allerdings ist das Handschnitzmesser sehr viel weniger gefährlich, wenn man es richtig handhabt. Das Handschnitzmesser kann für fast alle Arbeitsgänge sehr schön eingesetzt werden; nur für größere, räumliche Arbeiten ist diese Schnitzweise nicht geeignet.

Schauen wir uns zunächst einmal die verschiedenen Möglichkeiten an, und erproben wir in einem ersten Versuch unser Talent. Zuerst wählen wir ein Holzstück, das sich gut in die (linke) Hand nehmen läßt, das aber doch so groß ist, daß es weit genug aus der Hand herausragt, um es zu beschnitzen. Beim Handschnitzen ersetzt die linke Hand die Schraubzwinge oder die Werkbank.

Abb. 30 Bär, grob geschnitzt (Schülerarbeit)

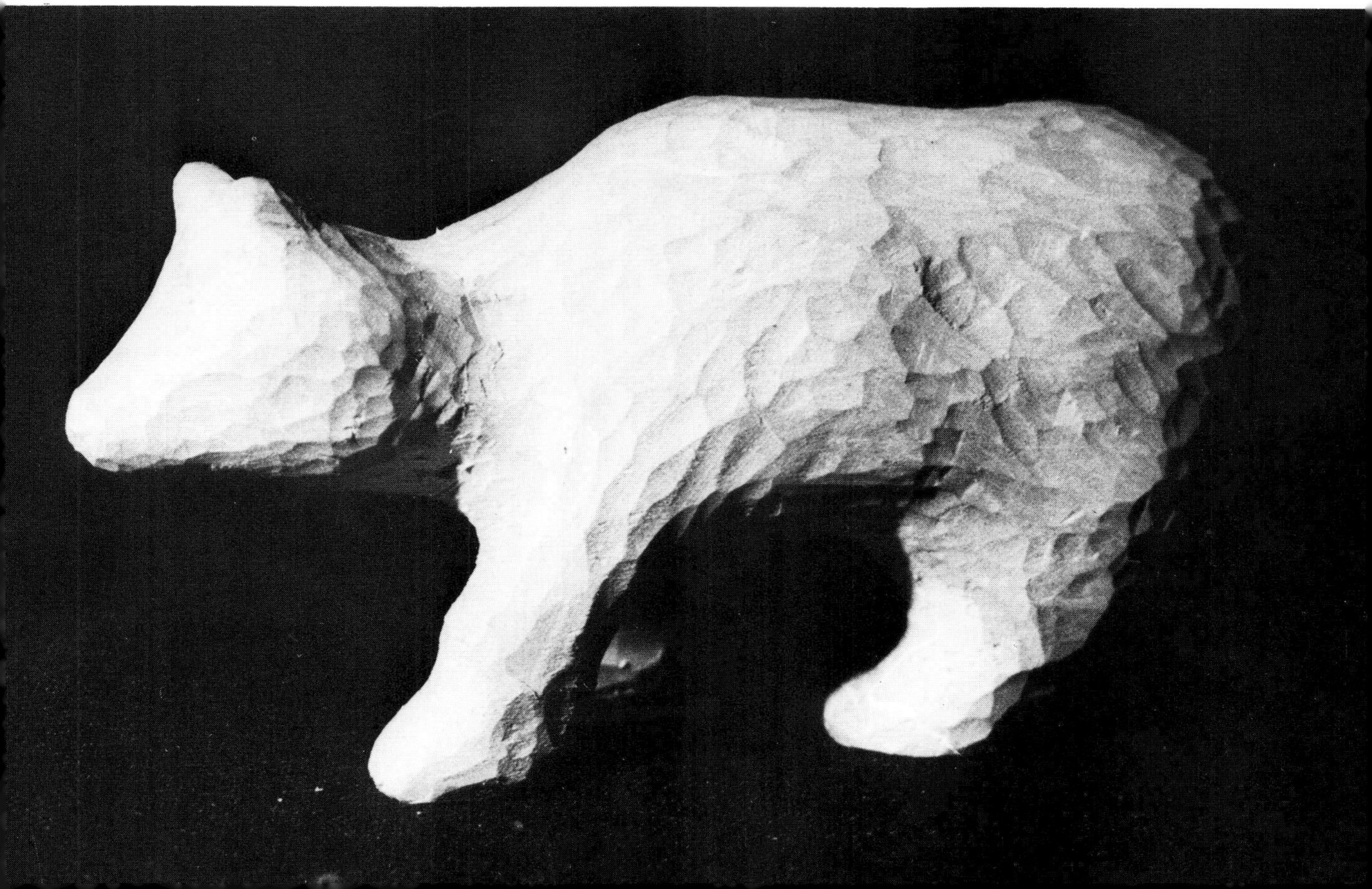

Für den Anfang gilt: immer *vom Körper weg schnitzen!* (s. Abb. 31a) Nach und nach erreicht man dabei eine gute Führung des Schnitzmessers. Die freie Klingenführung bewährt sich bei schnellem und großzügigem Vorarbeiten und ist vergleichbar mit dem Anschlagen einer Schnitzarbeit. So können lange und dicke Späne abgeschnitzt werden. Wichtig ist auch, daß wir unsere Arbeitsbewegungen immer unter Kontrolle haben, daß unsere Bewegungen nicht zu ausladend werden, sonst läßt sich die gewünschte Form nicht in das Holz einarbeiten.
Das Handschnitzen *in Körperrichtung* (s. Abb. 31b) ist dort sinnvoll einzusetzen, wo es um das Herausarbeiten einer bestimmten Form geht. In diesem Fall sichert der Daumen am Werkstück den Schnitzverlauf; dadurch ist ein feineres und individuelleres Schnitzen am Werkstück möglich. Beim Arbeiten mit dem Handschnitzmesser fehlt als dritte wichtige Möglichkeit noch das *Schnitzen mit dem Daumendruck* (s. Abb. 31c): In diesem Fall benützt man die linke Hand nicht nur zum Festhalten des Werkstücks, sondern durch den Daumendruck auf die Klinge schnitzt die linke Hand gleich mit.
Eine geeignete Einübung in das Schnitzen mit dem Handschnitzmesser ist das *Spänen.* Man probt dies am besten an einem Kiefernholzbrettchen, indem man an den Seiten in gleichmäßigem Abstand sehr dünne Späne abhebt und dann das Messer zur Mitte hin sehr sorgfältig weiterschiebt. Dabei darf kein Span abfallen. Wichtig ist, daß man immer in Richtung der Maserung schneidet. Mit ein wenig Übung kommen dabei Gebilde heraus, die wie kleine Bäumchen aussehen.
Nachdem wir mit dem Handschnitzmesser durch verschiedene Übungen einige Sicherheit in der Handhabung erreicht haben, gehen wir zu den *Schnitzeisen* über. Setzt man das Schnitz-

Abb. 31
a Schnitzen vom Körper weg
b Handschnitzen in Körperrichtung
c Schnitzen mit Daumendruck

eisen beim Handschnitzen ein, ist folgendes zu beachten: Mit der linken Hand hält man das Holzstück fest, das beschnitzt werden soll; die rechte Hand führt das Eisen. Man hält dabei das Eisen nicht am Heft (Griff) fest – so wäre es sehr unsicher zu führen –, sondern die Hand umfaßt das Eisen. Damit das Holz sicher und fest in der Hand sitzt, stützt man den linken Arm am besten an der Tischkante auf. Für unseren ersten Schnitzversuch wählen wir kleine, nicht zu harte Reststücke wie z. B. Pappel- oder Lindenholz. Man beginnt damit, das Stück Holz einfach zu zerschnitzen, bis es immer kleiner wird und nur noch Späne übrigbleiben. Beim nächsten Stück versucht man von allen Seiten und Kanten wegzuschnitzen. So kann man sehr schnell erkennen, welche Schnitte leicht gehen und wo sich das Material sträubt. Beobachten wir dabei die Schnittrichtungen, so lernen wir spielerisch die Schnittmerkmale kennen. Ebenso sollte darauf geachtet werden, wie man das Eisen hält.

Arbeiten wir aber nicht zu wild drauflos, sonst entsteht nur Brennholz, und ein Lerneffekt wird nicht erzielt. Je kleiner das Holzstück wird, um so sorgfältiger muß man schnitzen. Man sollte ein bißchen »ins Holz horchen«, denn plötzlich entstehen Formen, in die sich schon etwas hineininterpretieren läßt; daran sollte man dann weiterarbeiten. Setzen wir nun die Übung fort mit weiteren Holzklötzchen, um die verschiedenen Eisen auszuprobieren: Wie reagiert ein Flacheisen, wie ein Hohleisen, wie ein Geißfuß etc.? Wann setzt man kleinere Eisen ein und wann sollte man auf jeden Fall ein größeres wählen? Das trainiert man so lange, bis man das Gefühl hat, sich relativ sicher im Umgang mit Werkzeug und Material zu fühlen.

Abb. 32 In sich selbst versunkener Mensch (Schülerarbeit)

Schnitzen mit Klöpfel und Schnitzeisen

Größere Arbeiten kann man nicht ausschließlich von Hand schnitzen, für die gröberen Vorarbeiten nimmt man einen *Klöpfel* (Klüpfel) zu Hilfe (s. Abb. 33). Auch das Schnitzen mit dem Klöpfel will geübt sein. Genau wie bei unseren ersten Versuchen mit dem Handschnitzmesser, nehmen wir zuerst ein Stück Holz und beginnen es zu zerschnitzen. Da wir zum Arbeiten mit Klöpfel und Eisen beide Hände brauchen, spannt man das Werkstück mit Schraubzwingen fest oder zwischen die Spannbacken der Werkbank. Am besten arbeitet man im Stehen, da man so mehr Kraft und einen besseren Überblick hat.

Nachdem wir zuerst das Wegschlagen von Spänen in verschiedenen Richtungen mit dem Flacheisen ausgiebig trainiert haben, betätigen wir uns als »Holzwurm« (übrigens tatsächlich ein Spitzname für die Holzschnitzer): An einem Holzwürfel von etwa 20 x 20 cm üben wir das Ausstechen, Aushöhlen und Graben im Holz. Wir benutzen dafür ein Hohleisen und versuchen zunächst damit, den Würfel von allen Seiten zu bearbeiten, und zwar so, daß die Würfelform im wesentlichen erhalten bleibt.

Man beginnt damit, an einer Ecke eine Form auszustechen. Auf der zweiten Seite findet man dann eine Form, die man gegenläufig beschnitzen kann. So macht man systematisch weiter, bis der Würfel von allen Seiten bearbeitet ist. Man sollte sich dabei von seinem Gefühl leiten lassen, welche Formen jeweils im weiteren Verlauf der Arbeit nötig sind.

Das Ganze kann man nun an einem weiteren Würfel oder Rechteck weiter ausbauen, indem man noch andere Eisen hinzunimmt und einfach experimentiert. So bekommt man am besten alle Möglichkeiten des plastischen Gestaltens in den Griff.

Abb. 33 Der Klöpfel im Einsatz

Abb. 34+35 Plastik mit Bewegungsablauf (Schülerarbeit)

Erste plastische Formen

Handschmeichler

Bevor wir uns an das eigentliche Schnitzen mit Schnitzmesser und Schnitzeisen machen, beginnen wir mit einer anderen, einfacheren Form der Holzbearbeitung: mit dem Raspeln, Feilen und Schleifen. Auf diese Weise können wir uns leicht mit einigen Gesetzmäßigkeiten unseres Materials und den Grundsätzen der plastischen Gestaltung in Holz vertraut machen. Dafür bietet sich das Formen von Handschmeichlern an.

Als »Handschmeichler« bezeichnet man kleine vollplastische Holzformen, die, wie das Wort schon sagt, in Form und Oberfläche der Hand »schmeicheln«, sich in die Hand fügen und angenehm zu fühlen sind. Die Form sollte so beschaffen sein, daß sie gut in der Hand liegt, also nicht zu groß ist.

Für diese Arbeit eignen sich kleine Holzabfälle, Harthölzer wie Ahorn, Birne, Apfel, Kirsche etc. sowie alle möglichen exotischen Hölzer, aber auch weiche Arten wie Linde oder Pappel. (Letztere sind allerdings weniger ausdrucksvoll).

Für einen Handschmeichler sollte man die Holzreste kritisch begutachten: Zur Erzielung eines bestimmten Effektes (bspw. der Augen, Schnauze, Pfoten etc.) sucht man sich Holz mit einer schönen und geeigneten Maserung oder Fladerung. Eine sich öffnende Knospe wird eine andere Maserung fordern als die Form einer Maus oder die eines Vogels. Auch gibt es Tiere und Pflanzenformen, die einfach hell oder dunkel am besten wirken oder vielleicht gar keine Maserung vertragen. Waches Beobachten der Tier- und Pflanzenwelt bzw. Offensein für alles,

Abb. 36–37 Verschiedene Handschmeichler (Schülerarbeiten)

Abb. 38+39

▼ *Abb. 40*

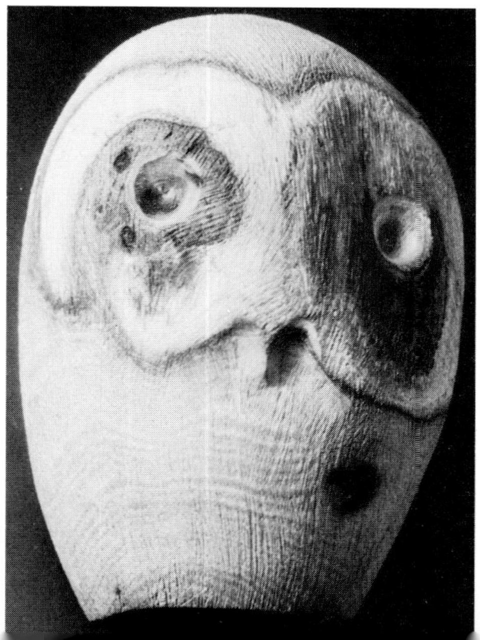

▼ *Abb. 41*

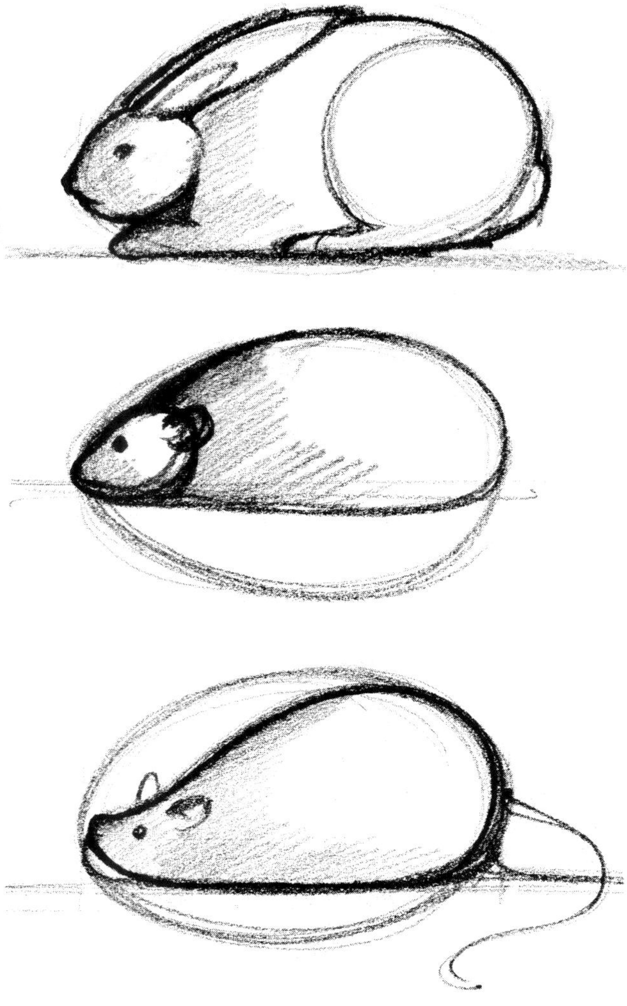

Abb. 42a

Seite 30
Abb. 38+39 Verschiedene Handschmeichler
Abb. 40 Hier bot sich die dunkle Maserung für die Augen an.
Abb. 41 Von Hand gearbeitete Kugel (ohne Drechselbank)

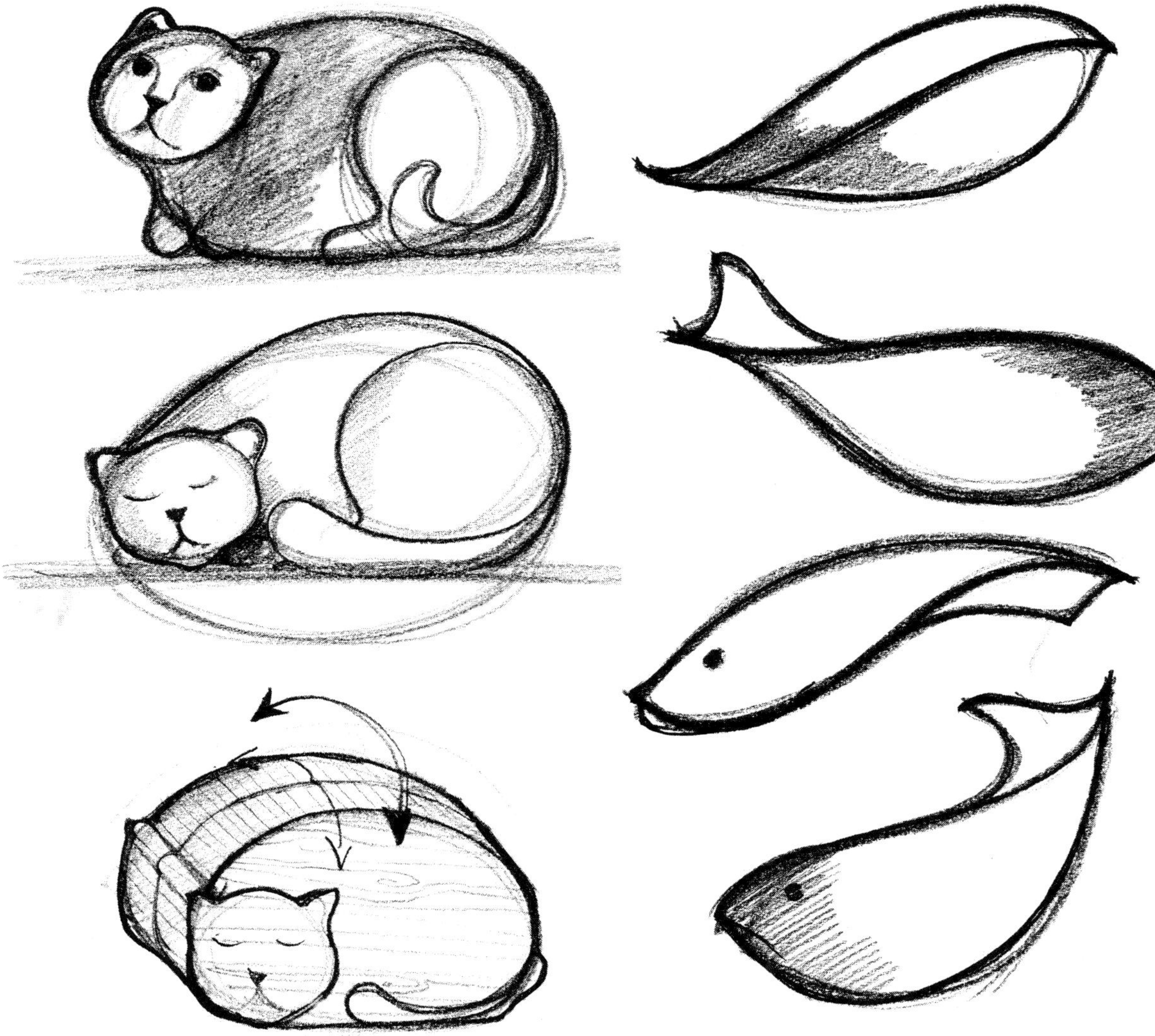

Abb. 42b

was um uns vorgeht, ist eine der wichtigsten Eigenschaften, die man sich als Holzschnitzer angewöhnen sollte. Man ist ja bis zu einem gewissen Grad selbst Schöpfer geworden.
Handschmeichler sind ein wunderbares Tastspielzeug für Kleinkinder. Nur wenige der industriell hergestellten Spielzeuge sprechen das Tastempfinden optimal an, d. h., sie liegen nur selten angenehm in der Hand oder lassen sich gut anfassen. Die Oberfläche sollte glatt, ohne scharfe Kanten und Ecken gearbeitet sein.
Es gibt verschiedene Möglichkeiten, sich mit dieser Aufgabenstellung auseinanderzusetzen: Man kann Holzstücke aussuchen, die in Form und Struktur schon in der Vorstellung einer lebendigen Form entsprechen, und läßt sich davon leiten, oder man stellt sich konkrete Aufgaben und schneidet Klötze in entsprechender Größe zu.

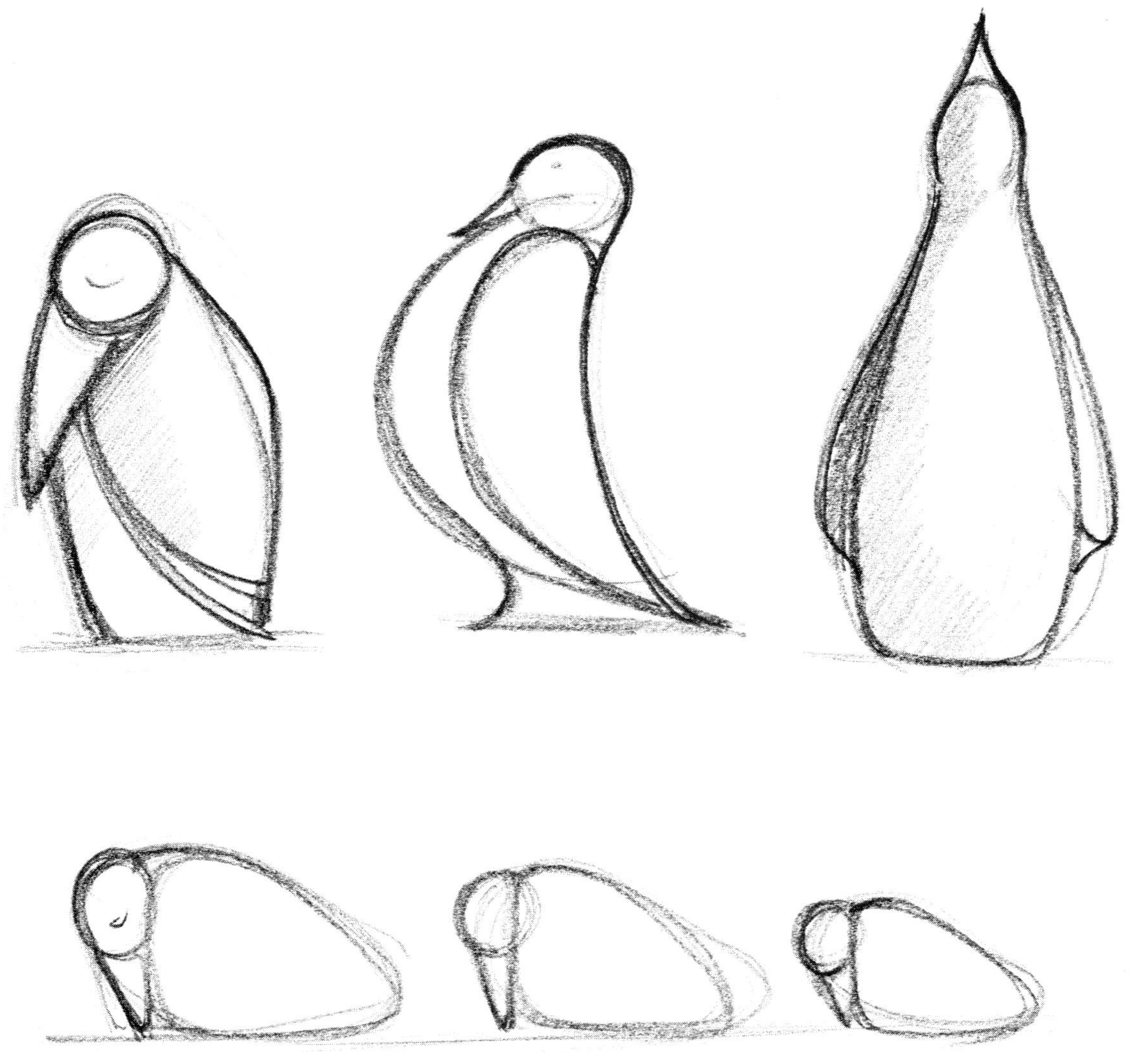

Abb. 43

Für den Anfang sind einfache Tierformen zu empfehlen, Lebewesen, die eine in sich geschlossene Form vertragen. Eine Vielzahl von Tieren läßt sich aus der *Eiform* entwickeln. Durch sie kommen schöne Maserungen oft erst richtig zur Geltung; deshalb bezeichnet man die ovale Form auch als »typische« Holzform. Für viele Tierdarstellungen bietet sie sich geradezu an, z. B. für schlafende Vögel (Ente, Taube, Huhn), für kauernde Tiere (Hase, Igel, Maus etc.) oder für Knospen von Pflanzen. Hierbei kann die Lage der Eiform je nach der Vorstellung bzw. dem Gebrauch beliebig verändert werden: Man kann sie legen, aufrecht stellen, schräg stellen. Ebenso ist die Form in sich veränderlich, sie läßt sich einmal rundlich und kurz, das andere Mal schlank und lang verwenden (s. Abb. 42+43).

Abb. 44

Über die variable Grundform hinaus läßt sich die Eiform auch additiv verwenden, d. h., man kann der ideellen Grundform eine zweite und eventuell auch eine dritte hinzufügen. Das bedeutet: Die Eiform ist nur noch Ausgangsstadium für die darzustellende Plastik, jedoch in sehr aufgelockerter bzw. abstrahierter Form. Sie dient als Konstruktionsmittel, ist aber für den Ausdruck der Plastik nicht mehr maßgebend. Trotzdem ist es natürlich wichtig, bei hinzukommenden Formen immer daran zu denken, daß sie dem Material gerecht werden müssen. Wo immer die Eiform Grundform bzw. Konstruktionsmittel ist und ihrer Geschlossenheit Rechnung getragen wird, wird sich eine harmonische, materialgerechte Holzform ergeben. Das läßt sich am Beispiel einer sich putzenden Ente sehr gut zeigen (s. Abb. 44).

Bevor man aber mit dem Raspeln und Feilen loslegt, ist es zweckmäßig, sich eine Anzahl von Skizzen anzufertigen, die so beschaffen sein sollten, daß sie den charakteristischen Merkmalen des Tieres, das man darstellen möchte, Rechnung tragen. Den gelungensten Entwurf wählt man aus und überträgt ihn auf das Holz, indem man ihn ausschneidet und auf das Holz aufklebt. Dann sägt man den Umriß aus, markiert die Mitte (Mittelriß, s. Abb. 45) und beginnt mit Hilfe von Raspel und Feile mit der rundplastischen Gestaltung. Nach dem Mittelriß der Umrißform müssen die Flächen gerundet, anschließend geschmirgelt und mattiert werden. Den Mittelriß sollte man bis zum Schluß stehenlassen, um stets eine Kontrolle für die eigentlichen Konturen zu haben.

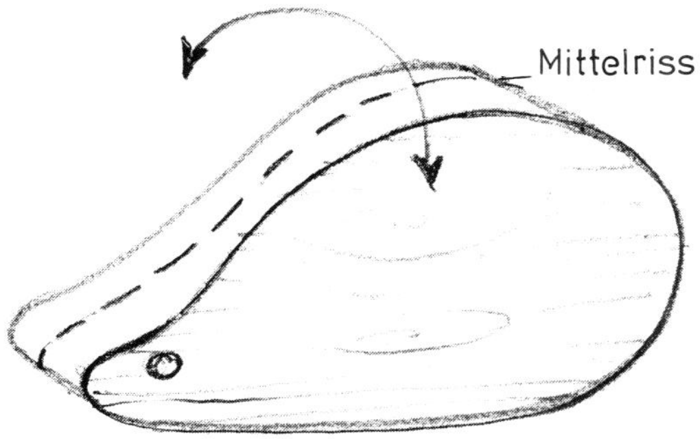

Abb. 45

Zum leichteren Einstieg nun noch einige thematische Anregungen, die aber wirklich nur als *Anregung* gedacht sind; besser ist es, der Phantasie freien Lauf zu lassen!
Einige weiterführende Vorschläge zum Thema »Handschmeichler« sollen verdeutlichen, wie vielfältig sich schon ganz einfache Formen ausbauen lassen. Dabei kann man es u. U. zu einer gewissen künstlerischen wie handwerklichen Perfektion bringen.

Stehender Fisch

Schon bei unseren Vorüberlegungen bzw. beim Skizzieren verlegen wir die Standfläche auf drei Punkte, nämlich auf die beiden Brustflossen und die Schwanzflosse. Die Besonderheit besteht darin, den Fisch so zu planen, daß das Hauptgewicht auf diesen drei Standpunkten liegt, er aber nachher nicht kippen oder umfallen darf. Das setzt bereits einiges Einfühlungsvermögen in Material und Form voraus.
Man kann auch einen Sägefisch gestalten. Dazu muß am Kopf ein schlanker Holzkegel, die künftige »Säge«, stehengelassen werden. Dann schneidet man einen Papierstreifen zurecht, der in Länge und Breite auf diese »Säge« abgestimmt ist. Nun wird der schlanke Kegel spiralförmig mit dem Papierstreifen so umwickelt und festgeklebt, daß gleichmäßige Zwischenräume entstehen, die anschließend ausgefeilt werden.
Durch das Einsetzen von Augen aus andersfarbigen Hölzern oder Dübeln lassen sich gleichfalls hübsche Effekte erzielen in Hinsicht auf naturnahe Tierformen. Je dünner man die Flossen macht oder sie sogar noch in sich dreht, um so graziler und kunstvoller wird die Form aussehen. Im Gegensatz zum Handschmeichler, der ja möglichst keine Kanten und Ecken haben sollte, können wir nun – ausgehend von einer einfachen naturalistischen oder abstrahierten Form – den stehenden Fisch gestalten.
Stellt man den Fisch nun frei auf, so als würde er sich im Wasser bewegen, übersetzt also die Bewegung räumlich, ist der erste Schritt zur Rundplastik getan.

Abb. 46 Fische (Schülerarbeiten)

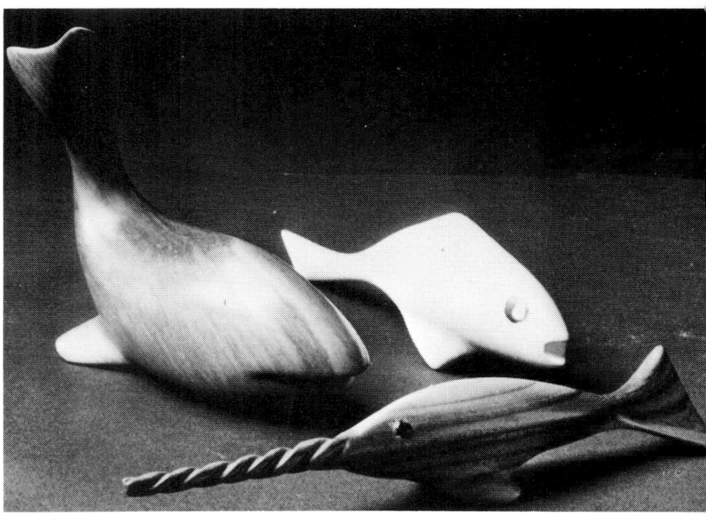

Vögel

Eine Vielzahl von Vogelarten kann man aus der Eiform entwickeln. Die Skizze legt man soweit naturgetreu an, daß man die charakteristischen Merkmale der Vogelart besonders hervorhebt bzw. speziell ausbildet, aber auf alles Nichttypische verzichtet. Flügel, ein besonders typischer Schnabel oder flächig gestaltete Unterbrechungen der Eiform machen aus der einfachen Handschmeichlerform eine kleine »Skulptur«. Werden nun die charakteristischen Formen so weit vereinfacht, daß sie nur noch als Fläche bzw. Linie auftreten, lassen sich sehr schöne Abstraktionen erreichen. Man sollte aber nicht so weit übertreiben, daß das Gebilde zur Karikatur wird. Die ausgewogene, holzgerechte Form soll unser Ziel sein. Man sollte erkennen können, daß die Idee dem Material angepaßt ist, das Ganze also eine harmonische Einheit bildet.

Eine hübsche, effektvolle Spielart dieses Themas ist es, unter Anwendung verschiedener Holzarten eine Vogelgruppe bzw. -familie anzufertigen.

Aus langen, schlanken Holzresten (Latten) kann man bestimmte Vogelarten, kleine Vögel, gestreckte Vögel wie Kraniche, Störche, Reiher, Flamingos oder ähnliches gestalten. Bei der Formfindung wird ganz von selbst ein mehr oder weniger abstraktes Vogelbild entstehen, bedingt durch das relativ kleine Körpervolumen, das eine naturalistische Gestaltung kaum zuläßt.

Von der Eiform und ihren Abwandlungen ausgehend, über die figürliche Gestaltung nach einem additiven Konzept zur Gestaltung extrem schlanker figürlicher Objekte haben wir nun die Fertigkeit beim Raspeln, Feilen und Schleifen erworben, um einen ersten Gebrauchsgegenstand zu gestalten.

Abb. 47a+b Pinguine und Gänse (Schülerarbeiten)

Abb. 48 Verschiedene Gestaltungsmöglichkeiten für Brieföffner (Schülerarbeiten)

Brieföffner

Hier haben wir es sowohl handwerklich als auch im Hinblick auf die Gestaltung mit einem neuen Gesichtspunkt zu tun. Ging es bei den figürlichen Gestaltungen um eine eher subjektive Sicht des Gegenstandes, so stehen jetzt objektive Kriterien im Vordergrund: Der Verwendungszweck wird uns zu einigen Überlegungen bei der Formfindung veranlassen.

Der Brieföffner sollte die drei folgenden Voraussetzungen erfüllen: Er muß so gestaltet sein, daß er funktionstüchtig, handlich und formschön ist. Das Trennen von Papier erfordert eine scharfe Schneide, die Klinge muß also zur Spitze hin sehr flach und dünn auslaufen. Ist die Klinge zu kurz, wird mehr Kraft benötigt, um das Papier zu trennen, ist sie zu lang, wirkt sie plump und ist schwierig zu handhaben. Die Handlichkeit bezieht sich in erster Linie auf die Form des Griffs. Dieser soll sich gut der Hand anpassen, darf also keine scharfen Kanten und Ecken aufweisen. Die Handlichkeit verlangt auch das Einhalten einer bestimmten Größe bzw. Gesamtlänge. Zur Formschönheit läßt sich nur sagen, daß die Eigenheiten des Materials bedacht werden müssen, da sonst die dünne Spitze leicht bricht.

Der Brieföffner kann entweder so gestaltet werden, daß er gleichmäßig dick ist. Die Schneide wird dabei nur an den Kanten als Fase angelegt. Oder man gestaltet eine sich vom Griff bis zur Spitze verjüngende Form. Der Griff wird hier der gesamten Form nach der Hand angepaßt, die Klingenflächen laufen zur Spitze hin konisch aus. Auch die zweite Möglichkeit vereinigt in sich alle drei Forderungen nach Funktion und Handlichkeit. Allerdings ist solch ein Brieföffner sehr viel schwieriger anzufertigen als ein einfacher, der gleichmäßig dick ist.

Beim Einspannen des Werkstücks muß berücksichtigt werden, daß zuerst der Griff bis auf das Schleifen fertiggestellt sein muß, da hinterher keine Einspannmöglichkeit mehr besteht.

Als Material bieten sich in erster Linie exotische Hölzer (Ebenholz, Limba, Sandelholz) an, da sie schon von sich aus eine schöne Wirkung haben. Aber auch unsere einheimischen Hölzer wie Nuß, Zwetschge etc. ergeben hübsche Effekte. Nur langfaserige Hölzer, also Kiefer, Tanne etc., sollte man vermeiden; sie sind schwierig zu glätten und besitzen wenig Stabilität und Elastizität.

Hohlformen aus dem Klotz

Innerhalb der langen Reihe plastischer Gestaltung nimmt die Hohlform eine Sonderstellung ein: Sie steht gewissermaßen zwischen dem nur gering behandelten Brett und der Vollplastik. Kulturhistorisch handelt es sich bei der Hohlform um Frühformen menschlichen Schaffens, da die Bewältigung des Alltags nach ihnen verlangte – der Einbaum zum Übersetzen, Gefäße zum Schöpfen von Wasser etc.
Für uns ist die Hohlform eine gute Lehrmeisterin im Umgang mit dem Material und dafür, den Gebrauch der Schnitzeisen, insbesondere der Hohleisen, zu festigen. Deshalb wollen wir auch durch die Gestaltung einer Hohlform systematisch einen Schritt weitergehen beim Erwerb unserer Fertigkeiten als Holzschnitzer. Am einfachsten ist die geöffnete Hohlform zu fertigen. Deshalb wollen wir mit einer Mehlschaufel beginnen.

Mehlschaufel

Ein Löffel oder eine Schale, die nicht gut und werkgerecht gestaltet oder unsauber gearbeitet sind, sind keine Freude fürs Auge. Letzteres aber ist wichtig, weil Holzbesteck oder Schalen aus Holz heute kaum noch als Gebrauchsgegenstände dienen, sondern eher Dekorationsstücke sind.
Stellen wir also die Forderung nach einer guten Form und nach sauberer Arbeit an die erste Stelle und weniger die nach dem tatsächlichen Gebrauchswert für den Haushalt. Das heißt allerdings nicht, daß der Griff nicht der Hand angepaßt sein soll und die Schaufel den ursprünglichen Zweck nicht mehr erkennen läßt. Nach diesen grundsätzlichen Überlegungen beginnen wir mit unseren praktischen Vorbereitungen. Zunächst suchen wir uns ein geeignetes Holzstück. Wir wählen ein etwa 20 × 15 × 6 cm großes Brett aus – z. B. Zwetschgen-, Nußbaum- oder Birnbaumholz. Der nächste Schritt ist der Entwurf einer symmetrischen Form. Der Einfachheit halber und zur Kontrolle der Symmetrie fertigen wir einen *Faltschnitt* an. Das geht so: Man faltet ein Stück Papier in den ungefähren Maßen unserer künftigen Schaufel in der Mitte. Auf die eine Hälfte zeichnet man die halbe Form der Schaufel (s. Abb. 49a).
Dann schneidet man diese Halbform aus (s. Abb. 49b), wobei man sie immer noch korrigieren kann. Sollte das nicht beim ersten Mal klappen, muß man es eben nochmals versuchen. Die Mühe lohnt!
Nachdem der Entwurf fertiggestellt ist, befestigen wir unser Holzbrett mit Schraubzwingen oder Bankhaken; falls nötig, bearbeiten wir es noch mit einem kleinen Hobel, damit die Fläche eben und glatt ist.
Als nächsten Schritt zeichnen wir eine Mittellinie mit einem dicken, aber gut gespitzten Bleistift auf. Die Papierschablone wird so aufgelegt, daß Mittellinie auf Mittellinie steht. Jetzt zeichnen wir den Schablonenumriß auf das Holz (s. Abb. 49c).
Und nun beginnt die eigentliche Arbeit: Wir fangen an, die Schaufel auszuhöhlen. Dazu benutzen wir ein stark U-förmiges Hohleisen. Mit der linken Hand umfaßt man den unteren Teil des Holzgriffs. Dieser dient als Prellbock für den Klöpfel. Stück für Stück schlägt man quer zur Maserung von außen zur Mitte. Man höhlt also aus, bevor man an die Gestaltung der äußeren Form geht. Das ist sehr wichtig, denn auf diese Weise behält das Werkstück so lange wie möglich seine rechteckige Form, kann eingespannt werden und hat so während der Arbeit seinen festen Halt (s. Abb. 50a).
Haben wir die Höhlung der Schaufel sauber herausgeschnitzt, so schneiden wir zu beiden Seiten des Griffs mit einer kleinen Handsäge

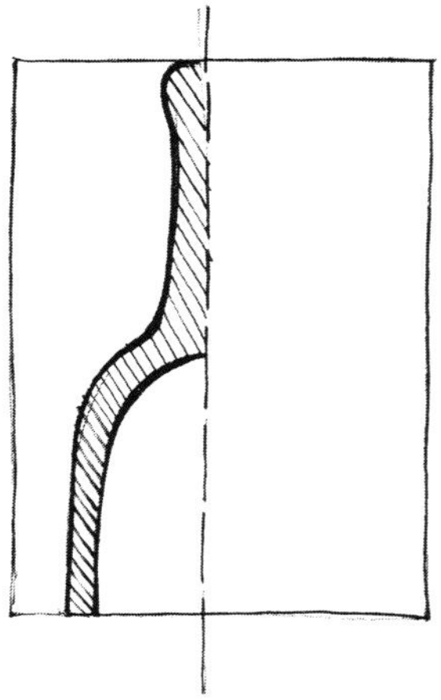
Abb. 49a

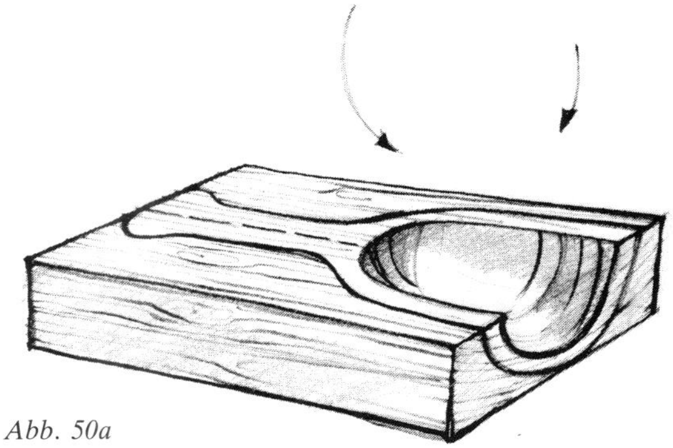
Abb. 50a

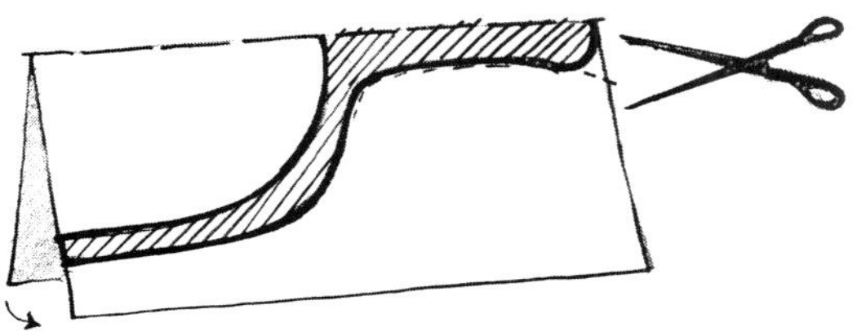
Abb. 49b

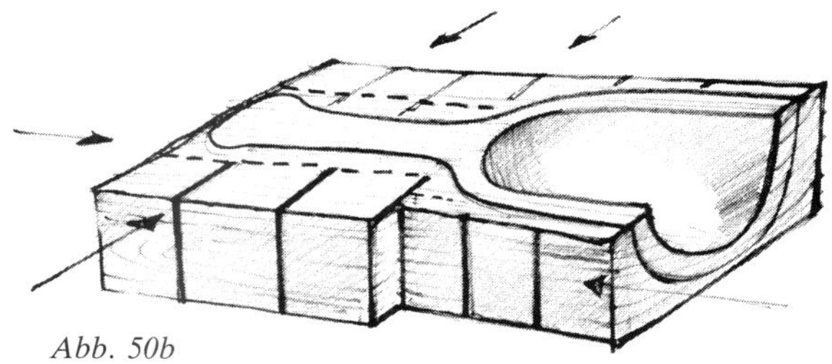
Abb. 50b

Abb. 49c

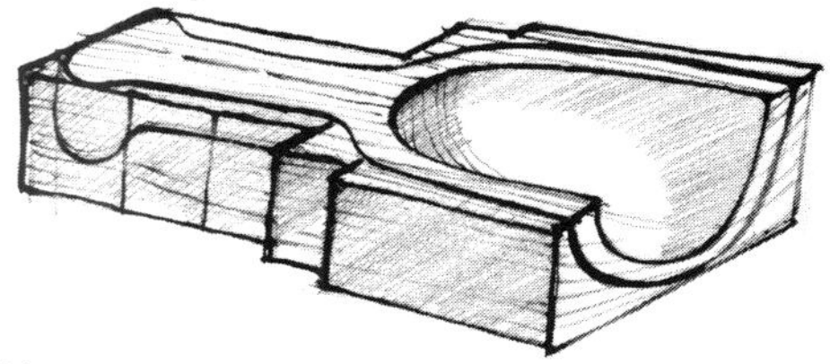
Abb. 50c

das überstehende Holz im Abstand von zwei bis drei Zentimetern vom Rand der Höhlung ab. Nicht an der Umrißlinie sägen, damit wir einen Sicherheitsabstand haben! (S. Abb. 50b+c)
Mit dem Klöpfel und einem flachen Stechbeitel schlagen wir nun die überstehenden Holzteile weg, diesmal in Richtung der Maserung, bis die groben Umrisse unserer Mehlschaufel deutlich herausgearbeitet sind.
Mit Raspel, groben Feilen und – wenn vorhanden – Surform-Hobel gestalten wir nun entsprechend die Außenform. Dabei müssen wir durch Tasten immer wieder überprüfen, ob die Wände der Schaufel gleichmäßig stark sind und nicht an manchen Stellen zu dünn werden. Zum Schluß bearbeiten wir die Schaufel mit Schleifpapier, bis sie vollkommen glatt und ebenmäßig ist.
Um die Maserung des Holzes schön und voll zur Geltung zu bringen, können wir es noch wachsen oder ölen (siehe Kapitel »Oberflächenbehandlung«).

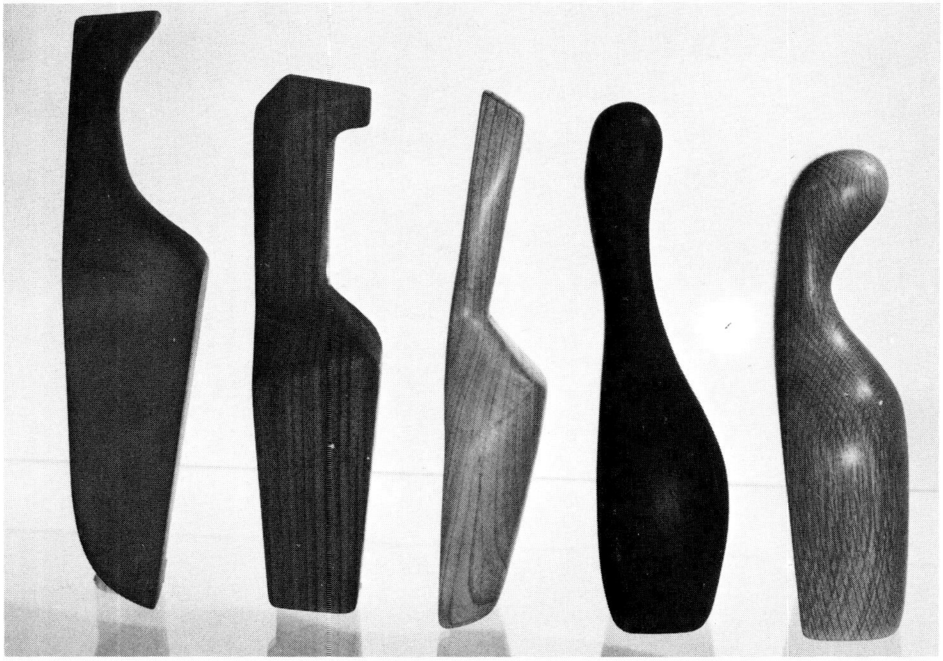

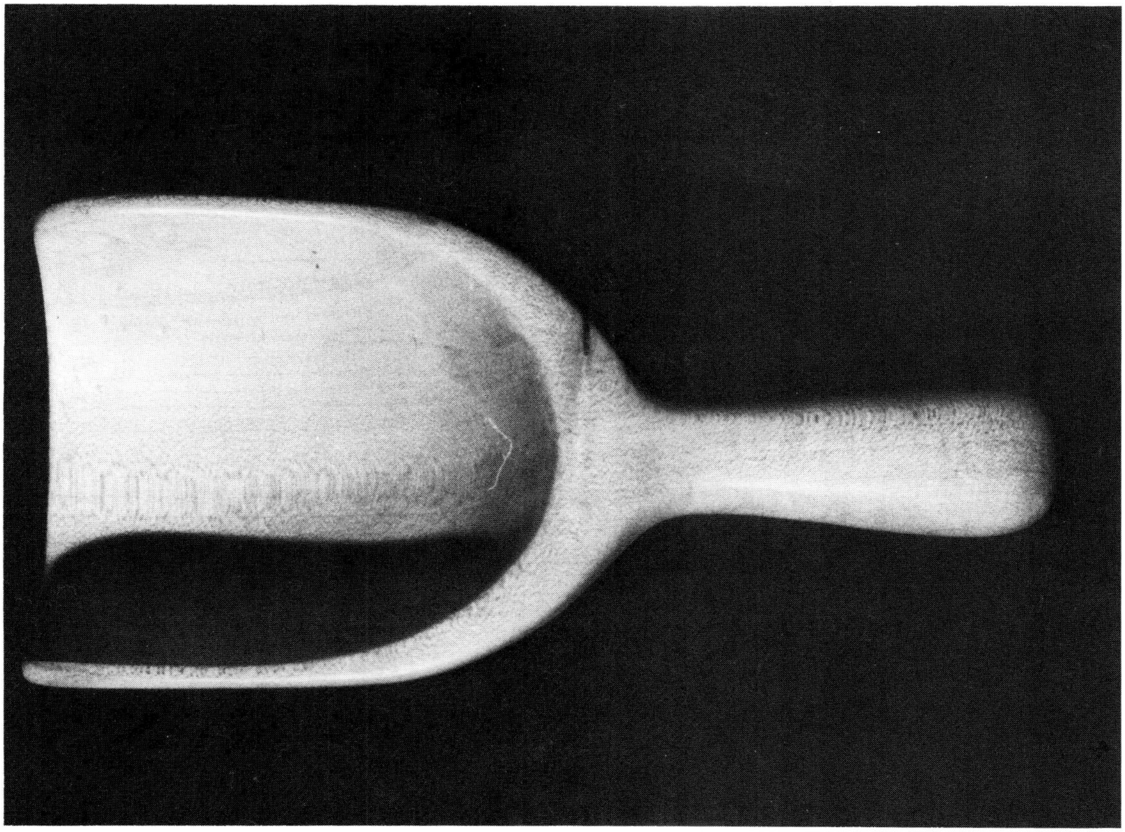

Abb. 51–54 Mehlschaufeln; verschiedenartige Variationen

Schale

Mit der Mehlschaufel konnten wir unsere Fertigkeiten an einer geöffneten Hohlform erproben. Dabei hat sich das gleichmäßige Abtragen des Holzes als wichtige Forderung gezeigt. Um eine richtige Hohlform zu gewinnen, mußten wir unsere Schnitte sehr genau setzen. Wahllos Holz zu entfernen, kann rasch zum Desaster führen.
Unsere nächste Arbeit, die Herstellung einer Schale, bringt eine neue Schwierigkeit mit sich: Hier handelt es sich um eine geschlossene Hohlform, bei der nun von vier Seiten gleichmäßig gearbeitet werden muß. Hier ist es auch schwieriger, eine gute Form zu finden.
Wie aber finden wir eine gute Form? Grundsätzlich gilt: Die gute Form ist zugleich die einfache, unaufdringliche.
Zunächst müssen wir uns über die Zweckbestimmung der Schale klar werden: Soll sie als Obst-, Brot-, Nuß- oder Federschale Verwendung finden? Danach richten sich Länge, Breite, Tiefe. Eine Obstschale sollte tief, gerundet oder länglich und dünn sein, eine Nußschale dagegen eher wuchtig gestaltet werden. Eine Schale für Erdnußkerne oder dergleichen muß eher klein und dünnwandig sein, damit man sie gut in die Hand nehmen kann. Eine Federschale sollte schmal und länglich sein, aber eine dem Gebrauch entsprechende Länge nicht überschreiten.

Abb. 55–60 Sechs Beispiele, eine Schale zu formen

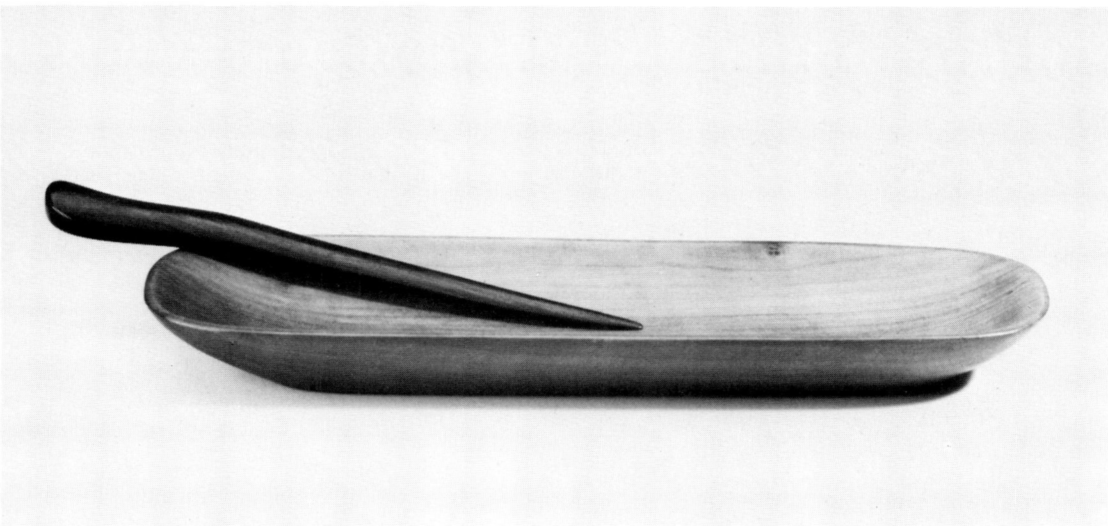

Abb. 61 Aushöhlen eines Stammes ohne Entwurf

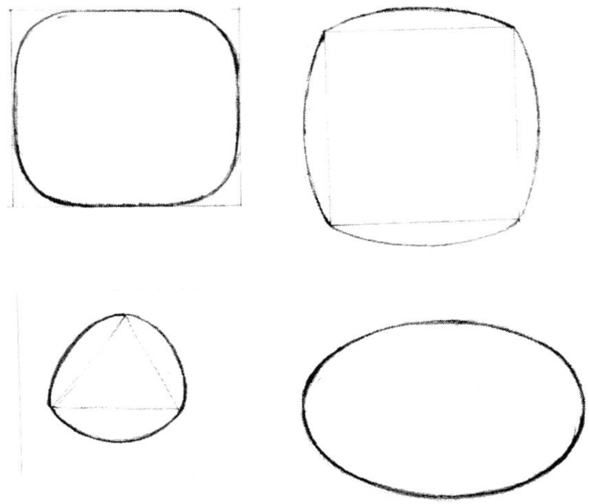

Abb. 62

Formfindung

Mit dem Blick auf den Zweck läßt sich eine gute Form bald finden, wenn man sich auf einige geometrische Ausgangsformen stützt, wie Rechteck, Quadrat, Ellipse, die alle im Faltschnitt entwickelt werden können (s. Abb. 62). Auch asymmetrische bzw. asymmetrisch wirkende Formen lassen sich gut verwenden, wie Trapez, unregelmäßiges Viereck, Vielecke usw. Die kreisrunde Form ist eine Drehform; sie von Hand zu gestalten ist äußerst schwierig. Von der Drehform sind wir Exaktheit gewohnt und setzen sie auch bei einer von Hand gefertigten Form voraus. Diese Forderung ist im Moment aber noch zu schwer, als daß wir darauf unsere Mühe verwenden sollten.
Nun zum Arbeitsvorgang, den wir hier in Stichpunkten notieren:

1. Entwurf im Faltschnitt (s. a. S. 38) anfertigen, damit eine ausgewogene symmetrische Form entsteht; (dies wäre dann die Draufsicht, s. Abb. 63a); danach die Seitenansicht zeichnen (s. Abb. 63b).
2. Bevor man den Entwurf auf das Holz überträgt, daran denken, daß die Längsachse in der Richtung des Faserverlaufs stehen sollte. Die Höhlung befindet sich immer an der Holzinnenseite, also in Richtung des Kerns.

Abb. 63

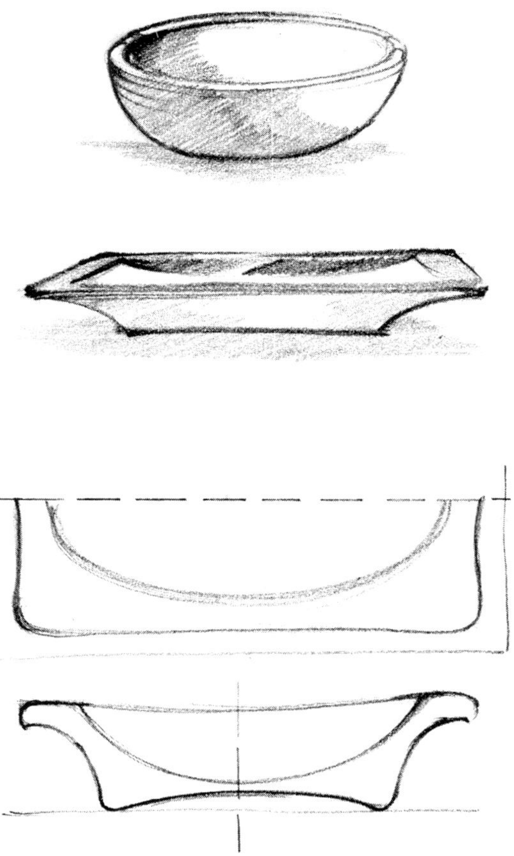

a

b

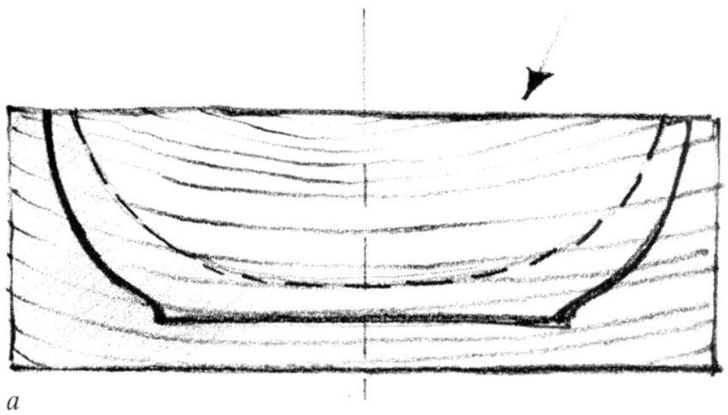

a

Abb. 64
a Längsachse immer in Holzrichtung; Höhlung immer auf die rechte Holzseite (s. a. Abb. 8)
b Innenform immer mit Sicherheitsabstand zur Außenform anzeichnen

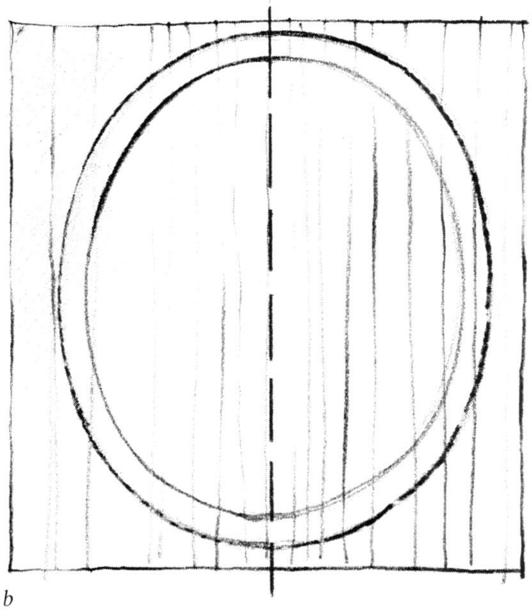

b

3. Holz mit Schraubzwingen oder, wenn man eine Werkbank besitzt, mit Bankhaken einspannen.
4. Aushöhlen, indem man das Eisen mit leichten Schlägen ins Holz treibt. Dabei dürfen die einzelnen Schnitte nicht zu tief sein. Man beginnt vom Rand her zur Mitte hin zu arbeiten (s. Abb. 67a), immer quer zur Maserung, dann splittert das Holz nicht so leicht. Je nach Form der Schale benützt man ein Hohleisen, einen Schweizer Bildhauerbeitel oder ein Tirolereisen.

Abb. 65 Schale mit falschem Werkzeug

Abb. 66 Schale mit richtigem Werkzeug

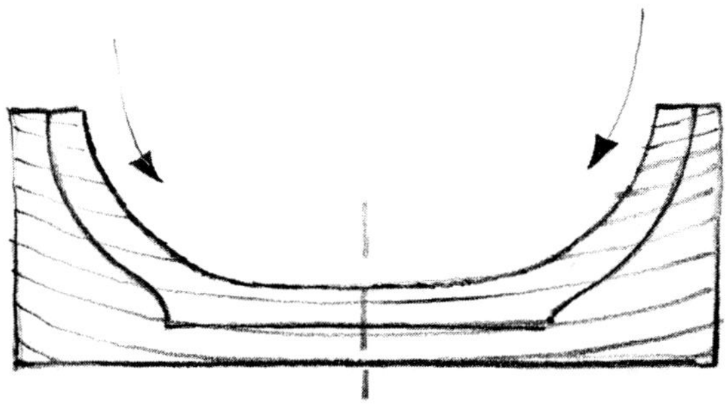

Abb. 67
a Zuerst aushöhlen ...

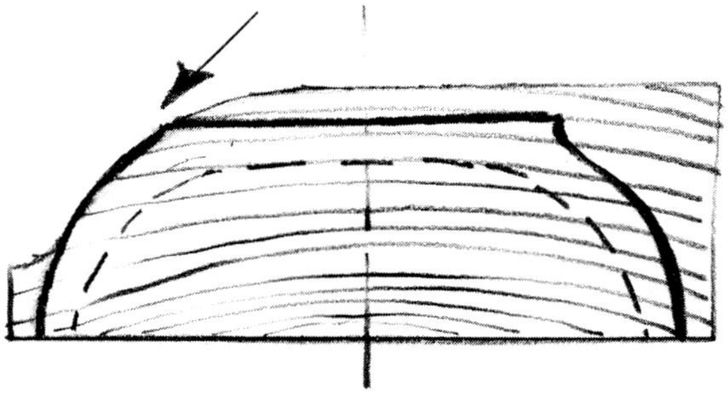

b ... dann Außenform bearbeiten; gleichmäßige Wandstärke erfühlen

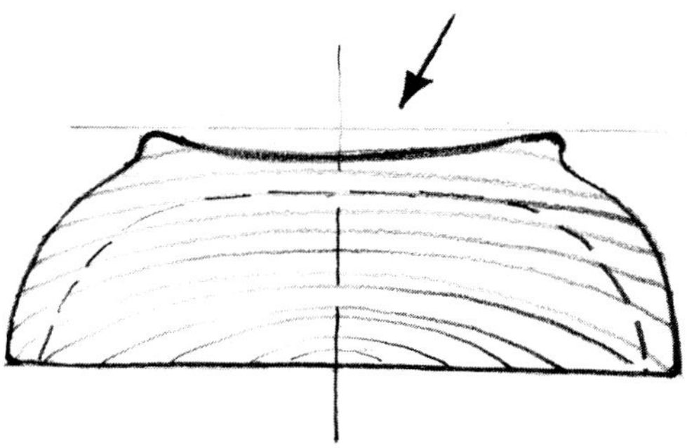

c Für einen besseren Stand leichte Gegenhöhlung des Bodens ausführen

5. Nachschneiden, säubern, gleichmäßig den Innenrand herausarbeiten, ausschaben und danach schleifen oder saubere Schnitte, sogenannte *Werkspuren*, schneiden (am Beispiel des handgeschnitzten Bären (s. Abb. 30) gut zu erkennen). Wenn man lieber Werkspuren schneiden will, statt zu raspeln und zu schleifen, muß man auf folgendes achten: Die Werkspuren sollten nur nach einem einheitlichen Ordnungssystem mit einem ganz scharfen Eisen geschnitten werden. Die Späne dürfen dabei nicht abreißen, und die Spuren sollten sich überlappen. Diese Gestaltungsmöglichkeit sollte man aber nur anwenden, wenn man schon in der Lage ist, exakt zu arbeiten.
6. Die Außenform wird nun mit Stechbeitel und Raspel bearbeitet. Wichtig ist es, wie schon bei der Mehlschaufel, auf eine möglichst gleichmäßige Wandstärke zu achten (s. Abb. 67b). Deshalb muß man sehr vorsichtig und mit Gefühl arbeiten. Zum Schluß von außen den Boden leicht höhlen. Damit erreicht man einen besseren Stand der Schale (s. Abb. 67c).
   Wenn wir an der Werkbank arbeiten, so kann die Schale ab einem gewissen Stadium nicht mehr eingespannt werden. Die halbfertige Schale muß dann mit einer Schraubzwinge und starker Beilage auf die Bank gespannt werden. Sie steht dann über den Bankrand hinaus und kann so gut geraspelt, gefeilt bzw. glattgeschnitzt werden.
7. Nun kann man nur noch aus der Hand arbeiten, um letzte Korrekturen an Form, Rand etc. anzubringen. Um eine wirklich glatte Oberfläche zu erhalten, verfährt man folgendermaßen: Man wählt verschiedene Schleifpapiere mit ansteigenden Zahlen. Hat man mit dem ersten Papier fertiggeschliffen, so wässert man die Schale und läßt sie trocknen. Den gleichen Vorgang wiederholt man nach jedem Arbeitsgang. Dadurch stellen sich die Fasern, die ja das Holz rauh erscheinen lassen, immer wieder auf und können weiter glattgeschliffen werden.
8. Zum Schluß wird die Oberfläche mit Tränk- oder Politurmitteln behandelt.

Abb. 68 Schnitzen der Außenform mit dem Klüpfel
Abb. 69 Raspeln der Außenform
Abb. 70 Glätten der Außenform von Hand

Abb. 71 Ein weiteres Beispiel als Anregung: ein Nußknacker. Alle drei Teile zusammen ergeben die Gelenke.

Salatbesteck

Die dritte Schnitzübung in unserem »Lehrgang« soll ein Salatbesteck sein. Bei der ersten Übung, der Mehlschaufel, hatten wir die geöffnete Hohlform und konnten das Werkzeug noch etwas freier handhaben als bei der zweiten Aufgabe, dem Schnitzen einer Schale.

Abb. 72+73 Verschiedene Salatbestecke

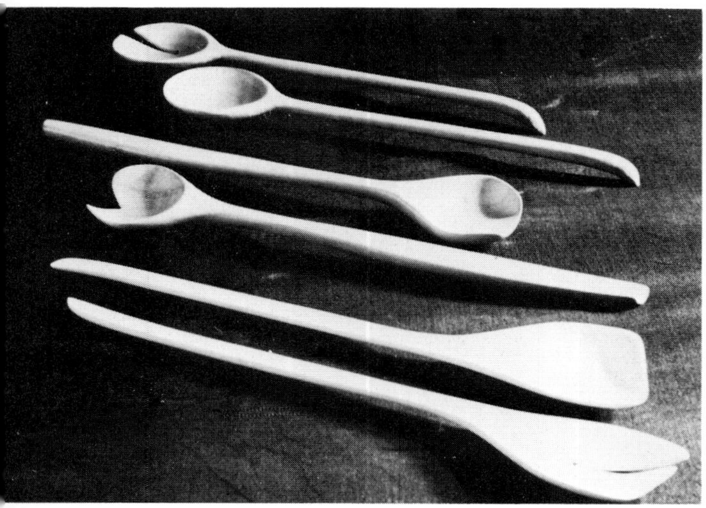

Das saubere, gleichmäßige Aushöhlen der Schalenform ist sehr schwierig – wie schnell ist man zu tief an den Boden gekommen! Beim Salatbesteck haben wir jetzt beide Formen, die geschlossene beim Löffel, und die geöffnete bei der Gabel. Die Größe von Löffel und Gabel sind in ihren äußeren Ausmaßen gleich, es genügt also ein Entwurf für beide Teile. Auch hier sollte man beim Skizzieren darauf achten, daß die Form möglichst einfach und klar wird (s. Abb. 74). Man entwickelt sie wieder mit einem

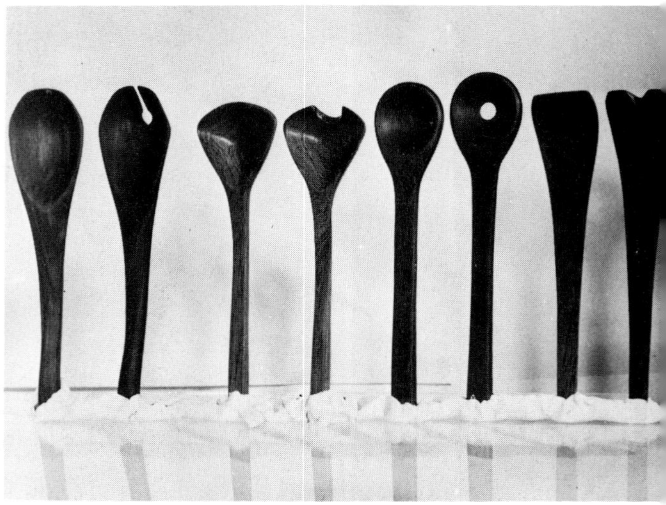

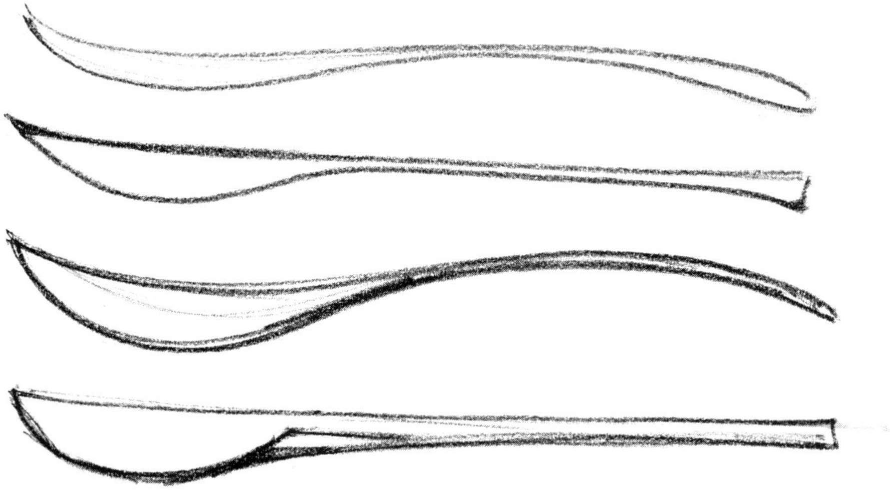

Abb. 74

Abb. 75 Grundform für ein Salatbesteck (Schülerarbeit)

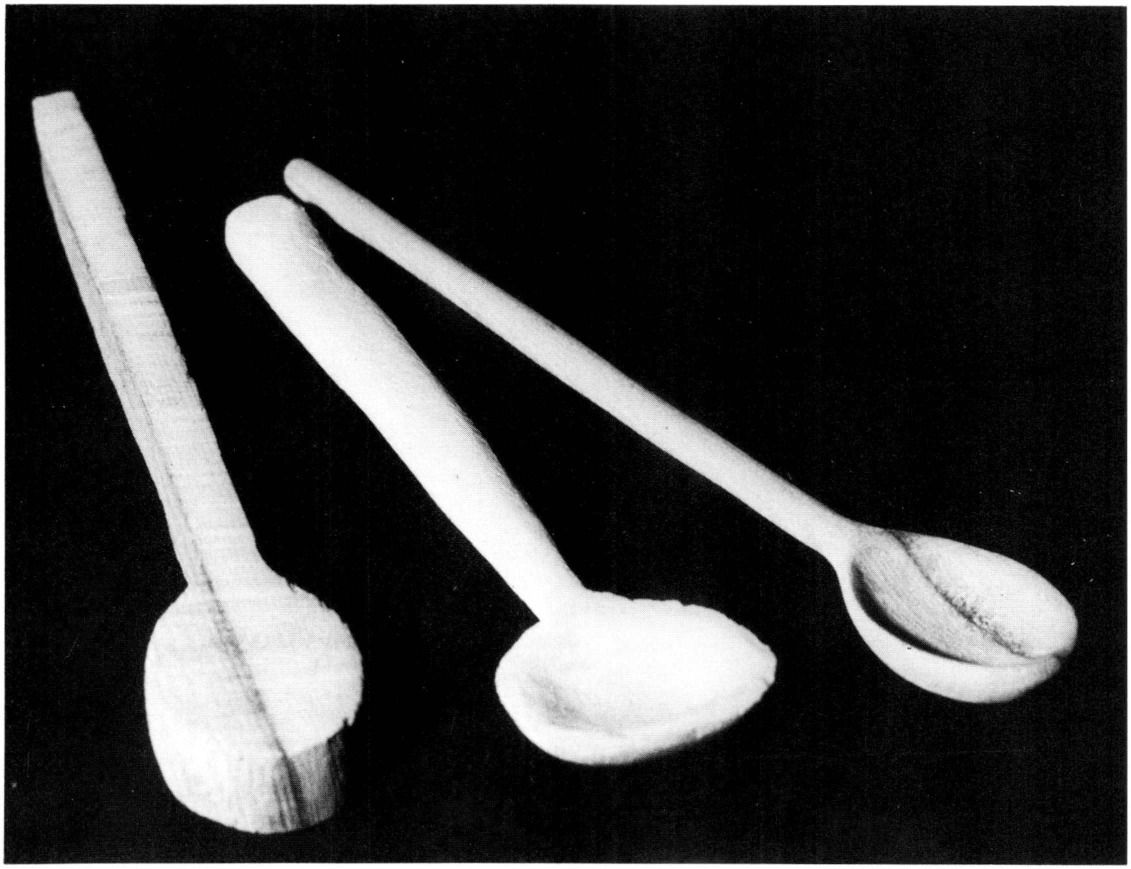

Abb. 76

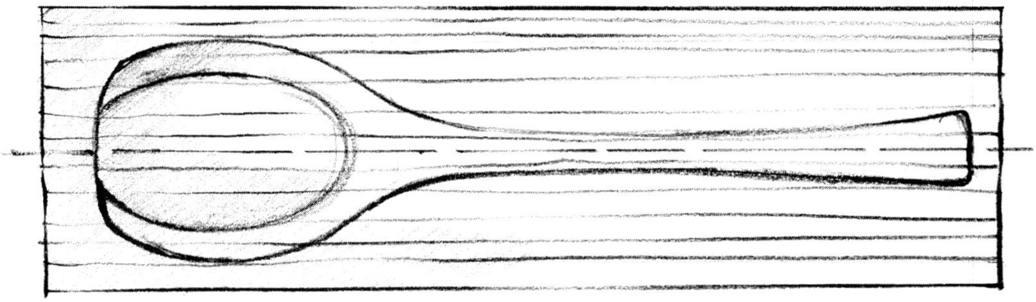

Abb. 77

Faltschnitt (s. S. 38f.), wobei man sorgfältig Ecken beim Übergang von der Löffelhöhlung zum Stiel vermeidet. Auch in der Seitenansicht sollte der Stiel nicht zu sehr gebogen sein.
Als Material eignen sich fast alle exotischen Hölzer, aber auch einheimische Hölzer wie Nußbaum, Ahorn, Akazie und verschiedene Obstbaumhölzer lassen sich gut verarbeiten. Linde ist für diesen Zweck zu ausdruckslos.
Auch hier notieren wir den Arbeitsvorgang in Stichworten:

1. Man nimmt zwei Brettchen, die in ihren Ausmaßen ungefähr der Länge und Breite des Salatbesteckes entsprechen. Diese legt man aufeinander und zeichnet die Seitenrisse gegenläufig auf (s. Abb. 76).
2. Dann nimmt man sie wieder auseinander und zeichnet die Umrisse der Draufsicht (s. Abb. 77).
3. Nun beginnt man mit dem Aushöhlen. Als Stechbeitel eignet sich in diesem Fall ein gekröpfter Hohlbeitel oder ein Hohleisen.

Wichtig ist, die Maserung genau zu beachten, da man den Schnittvorgang ja nur durch das Drücken und Schieben des Eisens mit der Hand durchführt. Mit dem Ausheben beginnt man etwa in der Mitte.
Wichtig ist das System von Schnitt und Gegenschnitt: Man fährt mit dem Hohleisen zu Beginn in der Rundung von links nach rechts. Der Gegenschnitt folgt dann über die Mitte von rechts nach links – das angeschnittene Teil fällt dann heraus.
Damit das Besteck in beiden Teilen gleich tief wird, kann man sich mit einem einfachen Tastgerät helfen: Wir nehmen ein Stück Leiste, das so lang ist, daß es bei unserem Besteck rechts und links am Rand aufliegt. In die Leiste schlägt man einen Nagel und überprüft so die ausgehobene Tiefe (s. Abb. 78). Bei fortschreitender Arbeit treiben wir den Nagel immer weiter hinein.

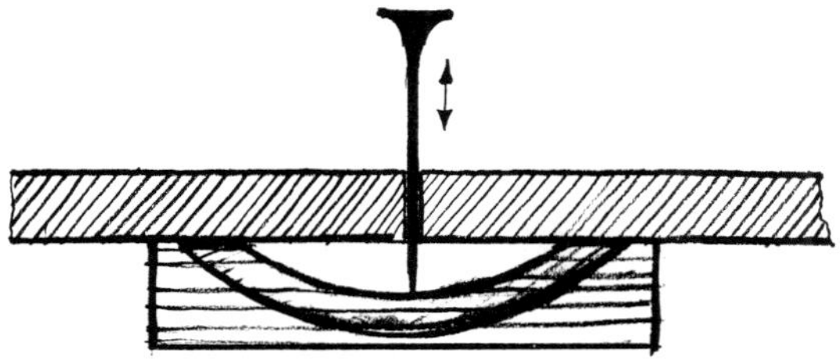

Abb. 78 Mit einem beweglichen Nagel kann man die Höhlung des Salatbesteckes nachmessen.

4. Jetzt sägen wir grob die Umrißformen aus, spannen das Werkstück wieder ein und beginnen, die Rundung der Löffel- bzw. Gabelaußenform mit der Raspel zu formen. Dann schaffen wir den Übergang und formen mit der Raspel den Stiel.
5. Bei der Gabel sägen wir zwei senkrechte Einschnitte und feilen sie mit einer dünnen Feile aus.
6. Glattgeschliffen wird genau wie bei der Schale und der Mehlschaufel. Auch die weitere Oberflächenbehandlung kann entsprechend am Ende des Schleifens vorgenommen werden.

Übung für Fortgeschrittene

Mittelalterliches Häuschen

Die Vielfalt und der Formenreichtum mittelalterlicher Architektur gaben den Anstoß zu dieser Aufgabe, die man schon nach einiger Übung im Umgang mit dem Schnitzwerkzeug bewältigen kann. Man braucht dazu Holzstücke aus dem Klotz von unterschiedlicher Größe, Holzscheite, wie sie vielleicht beim Holzhakken anfallen oder wie man sie fürs Kaminfeuer kaufen kann. Solche Holzstücke eignen sich

Abb. 80 Unregelmäßige Holzklötze eignen sich für unsere windschiefen Häuschen besonders gut.

▼ *Abb. 79 Eine Skizze erleichtert den Arbeitsablauf.*

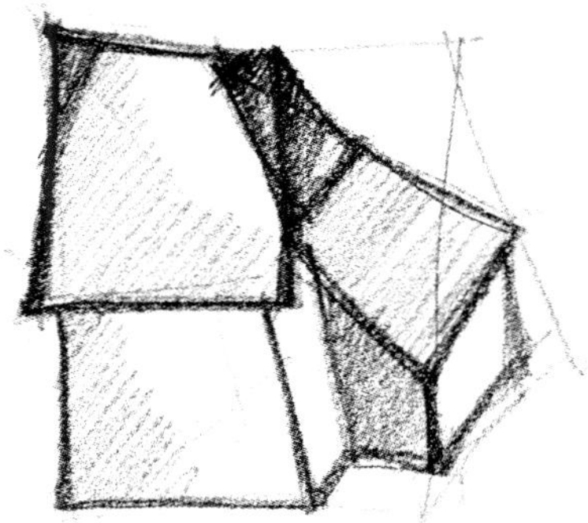

Abb. 81+82 Beispiele für mittelalterliche Häuschen

durch ihre unregelmäßigen Formen wunderbar als Grundstock für dieses Thema. Das eigentlich Reizvolle daran ist, unser neu gewonnenes Können phantasievoll, ohne großen Vorentwurf einzusetzen. Die unregelmäßigen Holzklötze durch eine windschiefe Dachkonstruktion – vielleicht mit Dachgauben und Kaminen ausgestattet – in interessante Häuschen, Stadtmauerteile oder Türme zu verwandeln, bietet viele Möglichkeiten. Treppenaufgänge und andere kleine Teile bearbeitet man mit dem Werkzeug, mit dem man sich am sichersten fühlt. Fenster, Türen oder Dachziegel lassen sich mit dem kleinen (etwa 3 mm) Kerbschnitzbeitel oder mit dem Geißfuß bearbeiten. Wichtig ist hier auch die eigene Entscheidung, welches Werkzeug man bei welchem Arbeitsgang einsetzen möchte.

Es ergibt sich ganz von selbst, bei zahlreichen Möglichkeiten unsere technischen Fertigkeiten zu trainieren: den Wechsel der Schnittrichtungen mit und gegen den Faserverlauf oder den Einsatz des richtigen Werkzeuges an der entsprechenden Stelle.

Bei der Formung des Daches muß man beachten, daß vom Beginn des Daches zum First in die Spitze nach oben gearbeitet werden muß, da sonst das Dach seine Neigung verliert.

Das Kerben

Zeichenhafte Vertiefungen, die in die Werkstoffoberfläche hineingeschnitten sind, bezeichnet man als Kerben. Dieses Mittel, Schriftzeichen anzubringen, Bildwerke mit oft geheimnisvollen Botschaften zu schaffen oder Werkstücke zu verzieren, beherrschte man schon sehr früh. Seine Blütezeit erreichte das Kerben oder Kerbschnitzen in der Gotik. Hier wurden Kerbschnitzereien oftmals als wundervoll ornamentale Verzierungen an Bauwerken, Möbelstücken und Gebrauchsgegenständen angebracht.

Abb. 83 Statuette

Abb. 84 Zauberstäbe

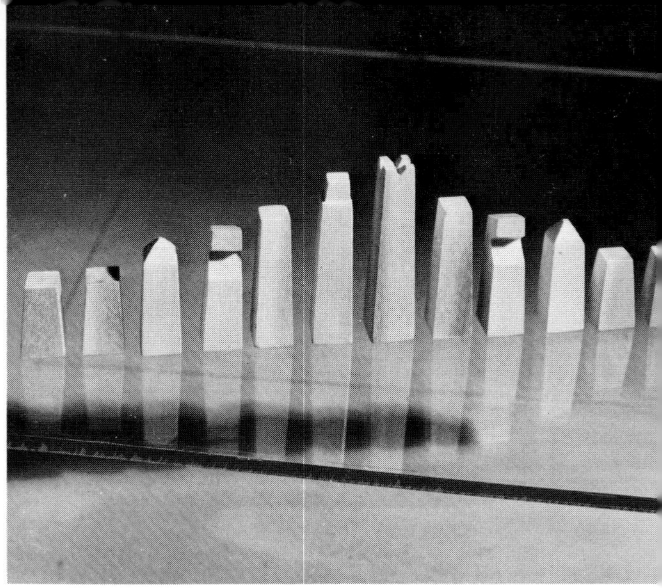

Abb. 85 Schachfiguren

In der Moderne erfüllen Kerben längst nicht mehr nur die Aufgabe, Gegenstände zu verzieren; sie sind Mittel zur Formgebung geworden. In größeren Dimensionen arbeitet der Bildhauer heute mit dem Schweizer oder Tirolereisen, oder gar mit der Säge oder dem Beil. Runenhafte Bildwerke, Stelen, an längst vergangene Zeiten erinnernd, zeigen, daß das Kerbschnitzen auch in unserer Zeit eine Technik des Holzbildhauers ist. Allerdings hat man dazu die Kerbe aus ihrem ursprünglichen Zusammenhang gelöst, die Kerbarten durch ihre Verzerrung zu formverändernden Elementen eingesetzt, sie zu einer eigenen Bildsprache weiterentwickelt.
Im Rahmen dieses Buches bedeutet das Erlernen der Kerbschnitte den Erwerb einer neuen technischen und gestalterischen Fähigkeit, für die sich vielfältige Anwendungsmöglichkeiten ergeben. Erste, reliefähnliche Bildwerke kann man kerbschnitzen. Das könnte man – überspitzt formuliert – auch als die Art des Holzschnitzers, zu »malen«, bezeichnen. Aber auch für das Schriftschneiden ist das Kerbschnitzen die Grundlage. Später, nach Aneignung der ersten Grundkenntnisse, können wir uns freimachen von der strengen Ausarbeitung und durch »verzerrte« Kerben eine neue Form der Anwendung finden.

Unter *Kerbung* verstehen wir eine Vertiefung, die aus schräg geneigten, scharfkantig aufeinandertreffenden Schnittflächen besteht. Die Kerbschnitte werden nach ihrem Querschnitt unterschieden:
Die Keilkerbe ist wohl am bekanntesten. Sie wird mit dem Flacheisen im schrägen Winkel in das Holz eingeschnitten und besteht aus zwei Schnittflächen, die an der tiefsten Stelle aneinanderstoßen (s. Abb. 86a).

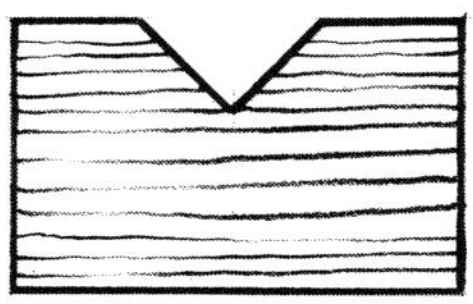

Abb. 86a

Die Rundkerbe entsteht durch Anwendung von Hohleisen bzw. Bohrern und erhält, je nach verwendetem Werkzeug, einen runden Querschnitt (s. Abb. 86b).

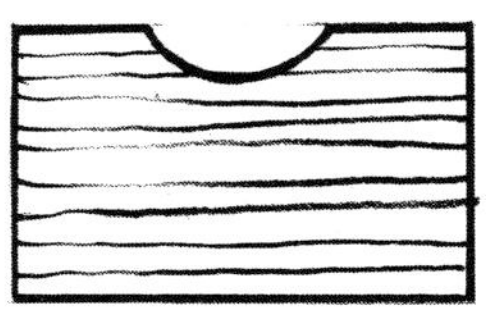

Abb. 86b

Eine Geradkerbe nennt man die Kerbe, deren vertiefte Fläche durch zwei Seitenflächen begrenzt wird (s. Abb. 86c).

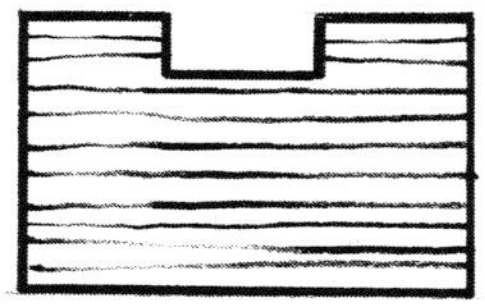
Abb. 86c

Für das Kerbschnitzen verwendet man Bildhauereisen mit geraden Klingen und verschiedenen Stichformen. Gekröpfte Eisen verwendet man nur sehr selten. Wir können also auf unser vorhandenes Werkzeug zurückgreifen. Einfache Keilkerben kann man auch mit dem Schnitzmesser ausführen. Damit sollten wir auch zunächst beginnen. Es eignen sich Äste, Zweige oder Rundhölzer. Beim spielerischen Herumschneiden ergibt sich hier ganz von selbst der Bogenschnitt, also eine Kerbe mit gebogenen Konturen, die zu ihren Enden hin spitz ausläuft (s. Abb. 87). Dabei müssen die Umrisse natürlich nicht nur symmetrische Formen haben, wie wir aus den Abbildungen leicht erkennen können.

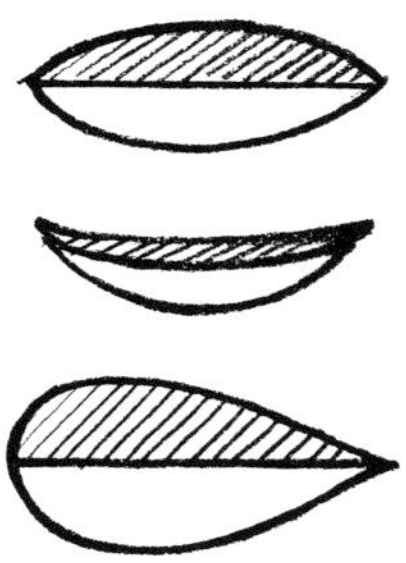
Abb. 87

Bei unseren ersten Schnitzübungen und Formexperimenten haben wir uns als »Holzwurm« betätigt, indem wir mit Rundeisen und Bohrern ins Holz gegraben haben. Beim Kerbschnitzen müssen wir auf das Gegenteil achten. Man läuft als Anfänger leicht Gefahr, *zu tief* ins Holz zu schnitzen, und achtet dabei zu wenig auf den Faserverlauf. Deshalb sollten wir folgendes beachten:

1. Kerben, die quer zur Faserrichtung laufen, brechen leicht aus.
2. Wird das Schnitzeisen in Schnittrichtung gegen den Faserverlauf gehandhabt, leistet das Holz starken Widerstand, und die Kerben reißen auch bei scharfen Eisen leicht aus.
3. Schneidet man in Richtung des Faserverlaufs, bietet das Holz den geringsten Widerstand und läßt sich gut schnitzen.

Spannen wir mal ein Weichholzbrett fest ein und üben daran gerade Schnitte (s. Abb. 88). Dabei kann man gut erkennen, wie unterschiedlich sich das Holz verhält, wenn man quer zur Faser, schräg oder mit der Faser schneidet. Das Eisen muß rasiermesserscharf sein und darf keine Scharten haben!

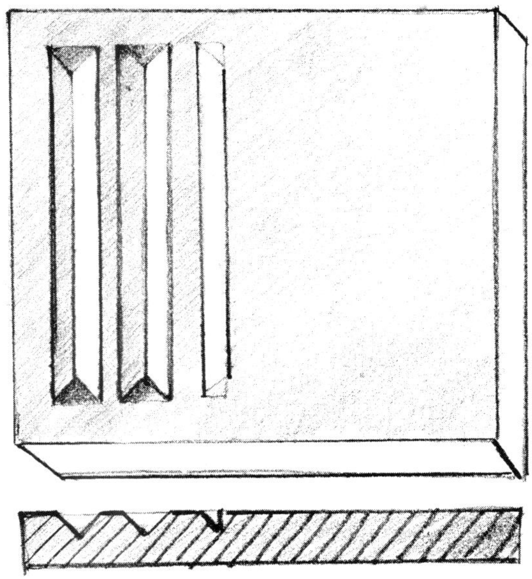
Abb. 88 Kerbschnitzübung

Am sichersten ist es, *Keilkerben mit drei Schnitten* zu schnitzen. Dazu setzt man das Eisen oder Messer zuerst senkrecht ins Holz und markiert die Mitte der Kerbe, dann schneidet man zwei Schrägschnitte, einmal von rechts und einmal von links (s. Abb. 89a). Eine Kerbe soll jedoch nicht zu schmal sein (s. Abb. 89b), da sie sonst keine Licht- und Schattenwirkung entwickeln kann.

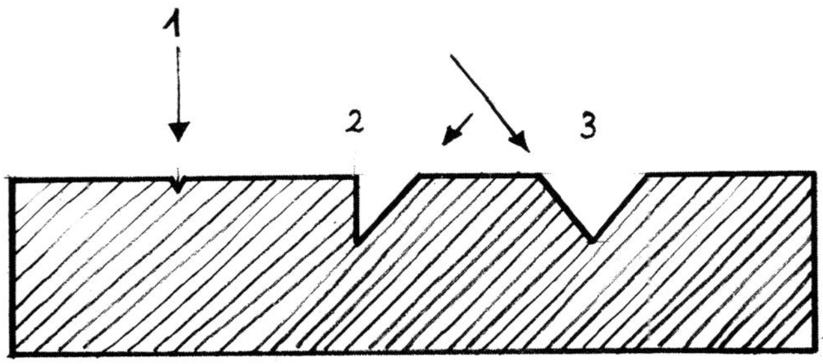

Abb. 89a

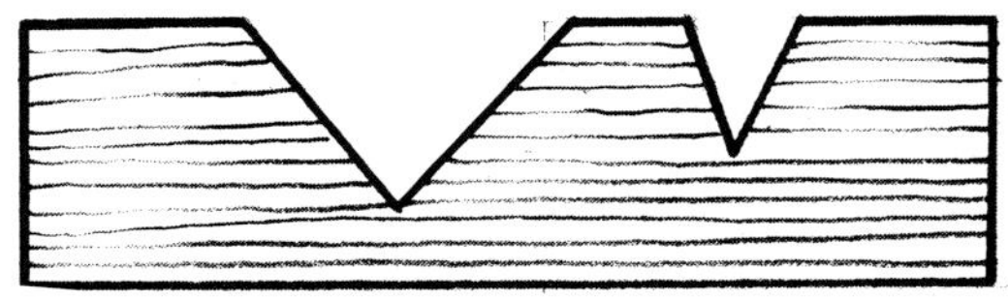

Abb. 89b

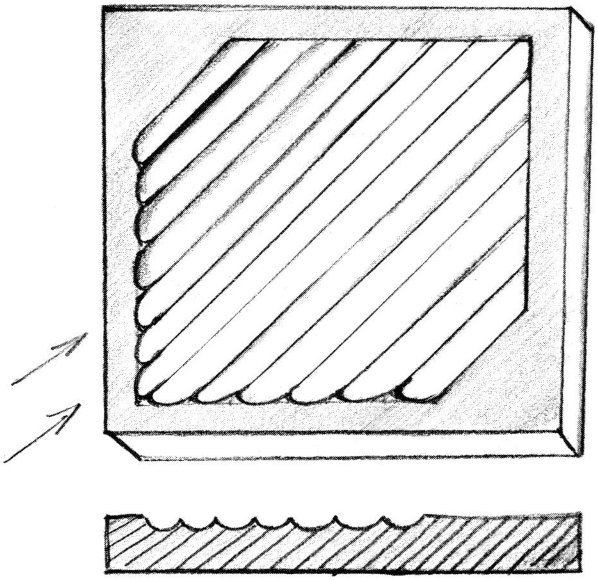

Abb. 90a

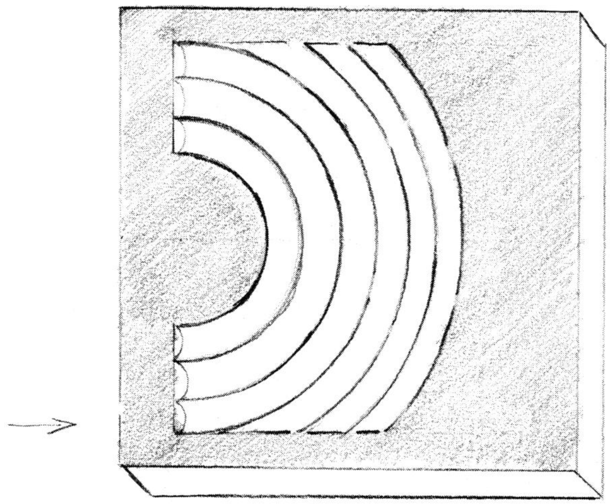

Abb. 90b

Abb. 91–94 Erste Schriftarbeiten ▸

An einem zweiten und dritten Brettchen üben wir mit Keil- und Hohlschnitten, die Holzfaser nach allen Richtungen zu schneiden (s. Abb. 90a+b). Diese Schnittübungen bilden die Grundlage zur sicheren und sauberen Technik. So einfach sie auch aussehen mögen – als Anfänger braucht man schon ein wenig Geduld, bis die Arbeit tadellos gelingt. Natürlich kann man auch ein solches Übungsstück dekorativ gestalten, indem man sich eine eigene Anordnung der Schnitte ausdenkt. Man kann sie auch in bestimmten, frei gewählten Abständen unterbrechen und dazwischen Flächen als Ruhepole stehenlassen.
Nachdem wir unsere Fertigkeiten im Kerbschnitzen noch etwas vertieft haben, wollen wir uns dem Schriftschneiden zuwenden.

Das Schriftschneiden

Für die Schriftgestaltung gibt es sehr viele Verwendungsmöglichkeiten; zudem sind sie eine gute Übungsgrundlage für die Reliefschnitzerei; kommt man dabei doch an verschiedene Aufgaben, die sich aus der Maserung des Holzes, der Gestaltung einer Fläche und des Hintergrundes ergeben.
Die Ursprungsform aller Schriftarten des Abendlandes war die Kerbschrift: die römische Kapitalschrift. Sie bestand, wie der Name schon sagt, nur aus Großbuchstaben (Versalien), wurde als Monumentalschrift benutzt und in Stein vertieft eingehauen, nachdem man sie mit dem Plattpinsel aufgezeichnet hatte. Heute begegnen wir Kerbschriften in der Regel nur noch

beim Steinbildhauer, der sie häufig für Grabsteininschriften verwendet.
Ein zweites Verfahren, Schrift zu gestalten, ist die plastisch herausgearbeitete, also vor einen Hintergrund gestellte Schrift. Sie erscheint erhaben, während der Hintergrund vertieft ist. Um ein interessantes Schriftbild entstehen zu lassen, muß man experimentieren, denn die bloße Aneinanderreihung von Buchstaben ergibt noch kein Schrift*bild*.
Bei jeder Schriftart kann man die einzelnen Buchstaben freizügig verändern, ohne den Grundcharakter zu zerstören. Man kann sie verlängern oder verkürzen, die Schriftbalken dicker oder dünner machen. Genauso lassen sich Buchstaben dehnen oder strecken, die Ober- und Unterlängen in die Gestaltung miteinbeziehen. Auch die Zahlen müssen nicht alle ganz gerade und konstruiert aufgebaut sein.
Soll ein Schriftblock entstehen, der gleichmäßig beginnt und endet, bleibt es meist nicht aus, Worte trennen bzw. auseinanderreißen zu müssen. Dies läßt sich aber durch unmerkliches Strecken oder Zusammenrücken mehrerer Wörter in einer Zeile umgehen. Die Anordnung der Zeilen und der Buchstabenabstand ergeben das eigentliche Schriftbild. Um Lücken zu füllen, kann man einfache Zeichen oder Sinnbilder einfügen. Oft sind es diese dekorativen bzw. ornamentalen Beiwerke, die den besonderen Reiz einer Schrifttafel ausmachen. Denken wir an alte Zunftschilder oder Wegetafeln, die meisterhaft bildhafte Reliefdarstellungen wie Tiere, Pflanzen, einfache Landschaften oder Zunftdarstellungen mit Schrift vereinten. Diese Überlegungen sollten wir unserem Entwurf voranstellen.
Bei der vertieften Kerbschrift sollten die Buchstaben nicht zu eng angeordnet sein. So muß man nicht zu sehr auf den Faserverlauf des Holzes achten, da keine Gefahr besteht, daß die Zwischenräume ausreißen oder brechen.

Eine schmale, erhabene Schrift ist technisch sehr schwer zu bearbeiten, da dünne, quer zum Faserverlauf stehende Stege beim Schnitzen leicht ausbrechen. Ist die Schrifttafel später auch noch der Witterung ausgesetzt, so ist sie doppelt gefährdet. Die folgenden einfachen Grundregeln zur Schriftgestaltung sollte man sich merken:

- Breitlaufende Schriften verlangen schmale Abstände, schmale Schriften sind mit weitem Abstand besser lesbar.
- Der Wortabstand richtet sich nach dem Buchstabenabstand. Er sollte mindestens zweimal so breit sein, damit sich eine klare Worttrennung ergibt.
- Der Zeilenabstand ist bestimmend für das Bild des Schriftsatzes. Will man einen Schriftblock gestalten, wählt man einen kleinen Zeilenabstand. Das bewirkt die Geschlossenheit des Blocks. Wie schon erwähnt, müssen beim Block naturgemäß die Wortabstände bzw. Buchstabenabstände individuell behandelt werden.
- Gezeichnete Schriften sollte man nie so weit verfremden, daß man in erster Linie nur Formen wahrnimmt; der Schriftinhalt muß primär bleiben.
- Wählt man einen großen Zeilenabstand, so erleichtert das wesentlich die Lesbarkeit. Entscheidend ist also immer der Zweck, den die Schrift erfüllen soll.
- Auch Licht und Schatten spielen bei einer geschnitzten Schrift eine nicht unwesentliche Rolle; deshalb ist es angezeigt, die Holzoberfläche zu tönen oder zu vergolden. Dadurch erreicht man mehr Plastizität.

Abb. 95 Auf Mittelachse angeordnetes Schriftbild

Das Relief

Nachdem wir uns eingehend mit dem Kerben und Schriftschneiden befaßt haben, ist es zum Relief nur noch ein kleiner Schritt.
Bei der Reliefdarstellung kommt es im wesentlichen auf eine gute Raumaufteilung an. Ist diese in sich harmonisch, haben wir schon Entscheidendes erreicht. Unser erster Arbeitsgang ist also wie immer der zeichnerische Entwurf. Ein Relief könnte man mit einem Bild vergleichen, nur daß wir in der Darstellung dreidimensional arbeiten. Es besteht also aus Vorder-, Mittel- und Hintergrund. Nun gilt es, aus diesen drei Ebenen eine Einheit zu gestalten. An Motiven bietet sich vielerlei an: Menschengruppen (z. B. Zuschauer bei einem Spiel), Architektur, Tier- oder Landschaftsdarstellungen. Zur Inspiration können wir Bilder und gute Fotografien studieren. Dabei bekommt man einen Blick für Komposition und Bildaufbau.
Bevor wir mit der Arbeit beginnen, sollten wir uns folgende Fragen stellen: Wie ist das Format im Verhältnis Höhe und Breite? Wie verteilen sich die dominierenden Bestandteile? Was ist die Hauptsache? Welches sind die Haupt-, welches die Nebenrichtungen (horizontal, vertikal, diagonal)? Wie verhalten sich die Proportionen zueinander?
Zu Beginn sollte man sich keine allzu differenzierte Darstellung vornehmen. Einfache, klare Grundformen sind vorerst am besten geeignet. Die Bildordnung kann ganz schlicht sein, wenn sich beispielsweise die Hauptsache in der Mitte befindet. Die Bildteile im Hintergrund sollen die Zwischenräume im Vordergrund ausfüllen. Es ist sicher am besten, das Bild am Anfang so zu komponieren. Der Aufbau kann aber auch gewagter, spannungsreicher sein, indem man die einzelnen Motive asymmetrisch plaziert,

Abb. 96 Relief: Bären in freier Wildbahn

Abb. 97 Für den Anfang sind einfache, klare Grundformen wichtig.

Abb. 98 Fischrelief

Abb. 99 Hürdenläufer. Additives Relief

also die Hauptsache aus der Mitte nach rechts, links oder nach oben rückt. Immer muß das Ganze eine Einheit bilden.
Wir spannen unser Werkholz, ein dickes Brett oder eine Bohle aus Weichholz, mit Schraubzwingen auf den Arbeitstisch oder zwischen die Bankhaken der Werkbank. Dann übertragen wir die Umrißlinien des Entwurfs auf das Holz. Solange die Grundformen angelegt werden, ist der Arbeitsgang der gleiche wie beim Kerben oder Schriftschneiden. Die Formen im Vorder- und Hintergrund, also die höher oder tieferliegenden Flächen, deutet man zu Beginn der Arbeit nur an, um die Komposition ggf. noch verbessern zu können; denn selbst nach dem Einkerben der Umrißlinien oder nach der Vorzeichnung sollte man sich noch nicht endgültig festlegen. Deshalb ist es günstiger, am Anfang zu starke Vertiefungen zu vermeiden.
Die Bildteile im Vordergrund schnitzt man in ihren Proportionen größer und plastischer, im Mittelgrund kleiner und flacher, und den Hintergrund ganz flach; Werkspuren dürfen stehenbleiben.

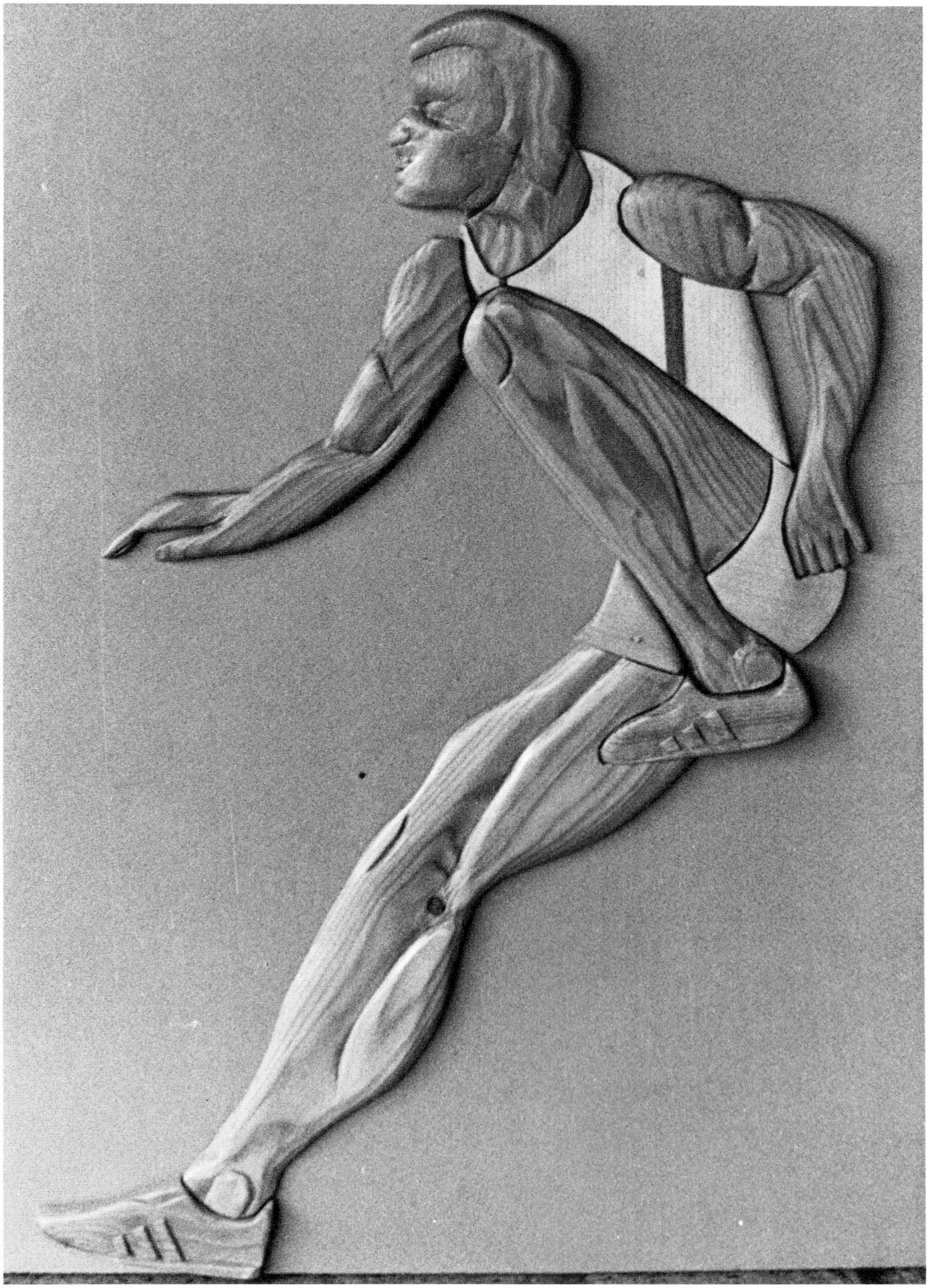

Abb. 100 Relief aus kleinen additiven Teilen (Schülerarbeit)

Wenn man noch eine stärkere Plastizität mit »wenig Aufwand« erreichen will, bedient man sich der sogenannten *Doppelten Welle* (s. Abb. 101). Sie ist gewissermaßen ein Kunstgriff und kommt dadurch zustande, daß man bei der Holzoberfläche das Hauptmotiv stehenläßt und kurz vor dem Rand etwas eindrückt. Dies ermöglicht uns, bei einer Tiefe von wenigen Millimetern, eine Plastizität hervorzurufen, die auf andere Weise bei noch so starkem »Tiefgehen« in das Holz nie erreicht werden könnte. So erzeugt man Perspektive.
Wann man mit Eisen und Klüpfel oder frei aus der Hand schnitzt, ergibt sich während der Arbeit von selbst. Sicher wird sich nach der groben Vorarbeit ein feineres Eisen und das Arbeiten mit der Hand anbieten.
Zwischendurch sollten wir immer wieder ein paar Schritte zurückgehen und unsere Arbeit aus der Entfernung betrachten. In diesen »schöpferischen Pausen« entdeckt man, wo noch etwas tiefer geschnitten bzw. weggenommen werden muß.

Abb. 101

Abb. 102 Relief mit Waldmotiven

Neue Techniken – neues Werkzeug

Die Werk- oder Hobelbank

Um größere Arbeiten anfertigen zu können, wird es unumgänglich sein, sich eine Werkbank anzuschaffen. Sie dient zum Einspannen bzw. Auflegen der Werkstücke bei deren Bearbeitung. Sie besteht aus einer dicken Platte und einem kräftigen Gestell und ist deshalb geeignet, starken, stoßartigen Belastungen standzuhalten. Auch Figurenschrauben lassen sich problemlos befestigen. In Heimwerkermärkten kann man heute schon in recht günstigen Preislagen Werkbänke kaufen, die für unseren Zweck geeignet sind.

Abb. 103 Figurenschraube (Mitte)

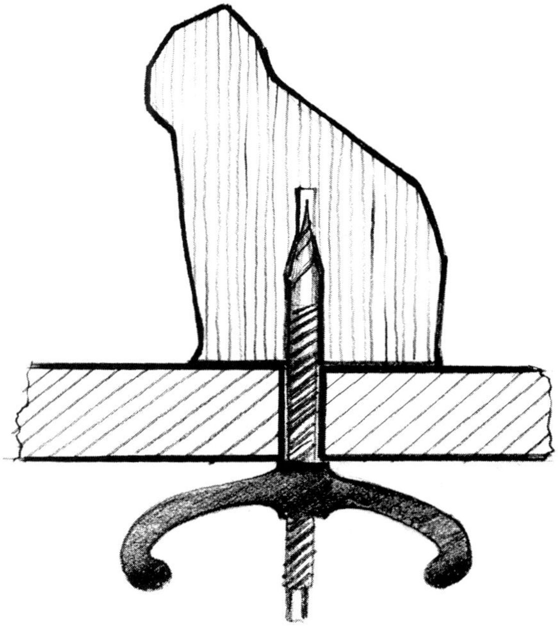

Abb. 104 Figur, mit der Figurenschraube befestigt

Abb. 105 Das Einspannen des Klotzes mit Bankhaken in der Werkbank

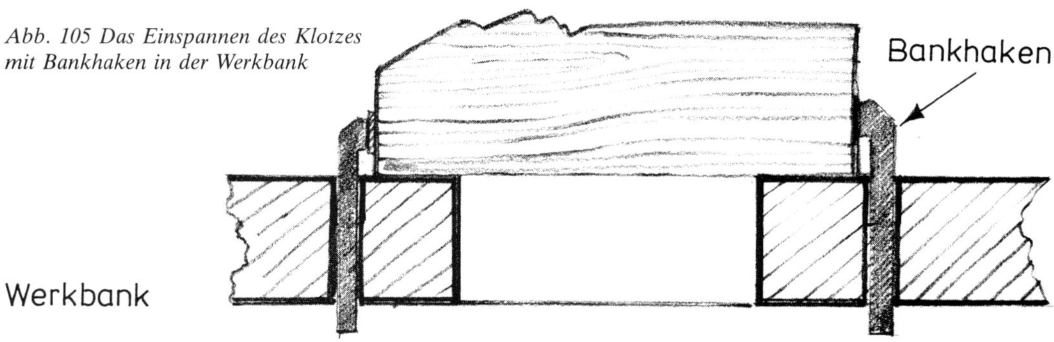

Der Hobel

Abb. 106 Hobel

Unter Hobeln versteht man das Abtrennen eines dünnen Holzspans. Je nach Dicke der abzuhebenden Schicht wird das Holz mit verschiedenen Hobeln bearbeitet. Jeder Hobel besteht aus einem Hobelkasten mit Maul und Spanloch sowie aus dem Hobeleisen und der Einrichtung zum Befestigen desselben.

Der Hobelkasten: Er besitzt ungefähr in der Mitte eine Öffnung, die an der Hobelsohle als »Hobelmaul« und am oberen Teil des Hobelkastens als »Spanloch« bezeichnet wird. In das Spanloch wird das Eisen von oben her eingeschoben und meist mit einem Keil aus Weißbuchenholz festgekeilt. Der Keil sitzt entweder in der Keilnut oder am eingesetzten Keilwiderlager. Vor der Schneide des Hobeleisens entsteht beim Abtrennen des Hobelspanes im Holz ein vorauseilender Span. Um ein zu tiefes Einreißen zu vermeiden, ist die vordere Kante des Hobelmauls nur wenig von der Schneide des Hobeleisens entfernt. Diese Kante drückt beim Hobeln auf die Holzoberfläche und knickt den abgetrennten Span frühzeitig ab. Ist das Maul zu groß, so wird der Span zu spät abgebrochen und reißt dadurch zu tief ein.

Das Maul darf aber auch nicht zu klein sein, da es sonst von den Spänen verstopft wird. Die Größe des Hobelmauls muß immer der Hobelart entsprechen. So muß z. B. beim Schrupphobel das Hobelmaul sehr groß, beim Putzhobel aber so klein wie möglich sein.

Das Hobeleisen: Es besteht aus Flußstahl mit einem aufgeschweißten Schneidenteil aus Werkzeugstahl. Die vordere Seite des Hobeleisens nennt man »Spiegelseite«, die entgegengesetzte Seite »Rücken«. Die am unteren Teil angeschliffene Fläche bildet mit der Spiegelseite die Schneide und heißt »Fase«.

Für die Schnittleistung eines Hobels sind der Schnitt-, Keil- und Freiwinkel des Hobels ausschlaggebend.

Das Doppelhobeleisen soll ein allzutiefes Einreißen in das Holz verhindern. Deshalb wird ein Hobeleisen mit einer Klappe versehen, die die Aufgabe hat, den Span unmittelbar hinter der Schneide zu brechen, damit dieser nicht einreißen kann.

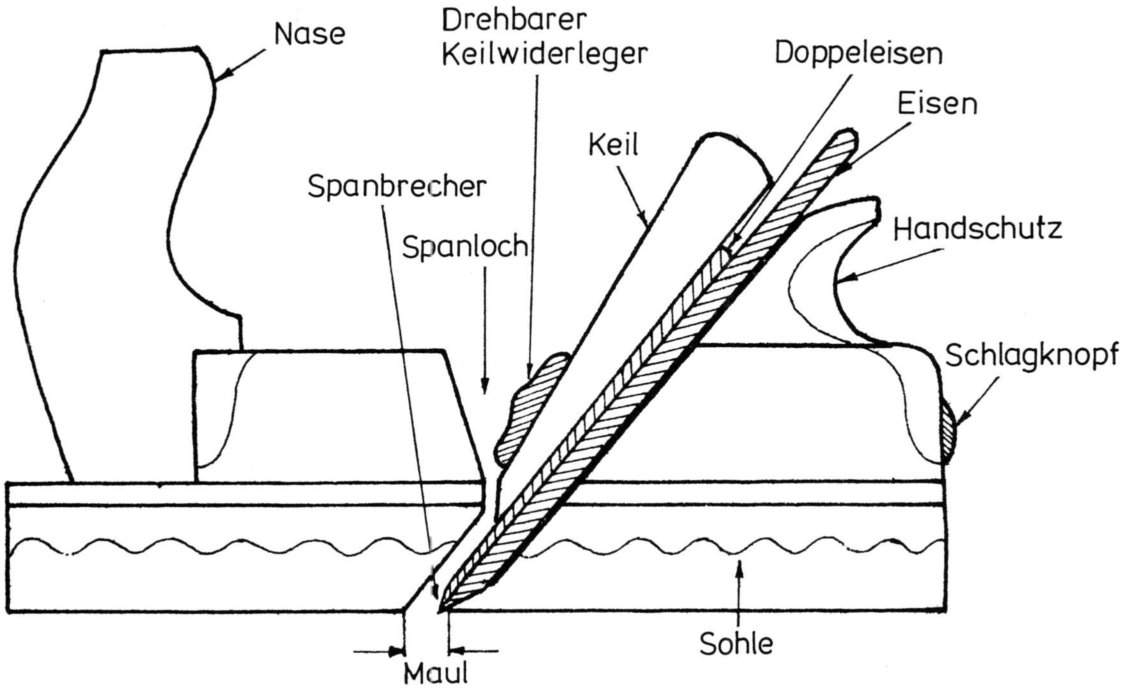

Abb. 107 Stellung der Eisen bei einem Doppelhobel

Der Schrupphobel

Seine Schneide (30–33 Millimeter breit) ist bogenförmig angeschliffen, der Halbmesser der Rundung ist so groß wie die Eisenbreite. Das Schrupphobeleisen steht beim Hobeln mehr vor als bei anderen Hobelarten und hebt deshalb einen dickeren Span ab. Der Schrupphobel eignet sich daher besonders zum Abhobeln dicker Holzschichten und zum Vorhobeln stark verformter Hölzer. Man kann mit ihm längs und schräg zur Holzfaser hobeln (»zwerchen«).

Der Schichthobel

Er eignet sich zum Abschichten roher, geworfener (verzogener) Bretter in schräger Richtung zur Holzfaser.

Der Doppelhobel

Er besitzt ein Doppelhobeleisen (45, 48 oder 51 Millimeter breit). Da die Klappe mit der Brechkante den Span unmittelbar hinter der Schneide bricht, kann man mit ihm auch gegen die Holzfaser hobeln.

Das Einstellen des Hobels

Beim Doppelhobel ist die Klappe hart an die Schneidkante einzustellen. Sie muß mit ihrer Breite dicht an der Spiegelseite aufliegen.
Man legt den Zeigefinger unter die Spanöffnung und den Daumen in das Hobelmaul. Das Eisen wird mit der Klappe nach oben eingeführt und bis zum Anschlag am Zeigefinger gebracht. Danach wird der Keil mit der Fläche auf der Klappe eingelegt (der Keil muß zuerst unten anziehen) und mit dem Hammer leicht angezogen, um einen festen Sitz des Eisens zu garantieren. Die Stellung wird kontrolliert, indem man den Hobel um den im Hobelmaul liegenden Daumen dreht und so die Hobelsohle anvisieren kann. Das Eisen muß parallel zur Hobelsohle stehen und darf nicht allzuweit aus dem Hobelmaul herausstehen. Nachdem das Eisen exakt eingestellt worden ist, muß der Keil fester angezogen werden – allerdings nur so stark, daß er von Hand gelockert und herausgenommen werden kann.

Das Arbeiten mit der Ziehklinge

Soll ein Werkstück, etwa eine Schale oder eine Mehlschaufel, eine besonders glatte und exakte Oberfläche bekommen, so kann man nach dem Sauberschnitzen auch ein für uns neues Werkzeug einsetzen: die Ziehklinge. Mit der Ziehklinge können kleinere und größere Unebenheiten beseitigt werden.
Für uns genügen die beiden Grundformen der Ziehklinge, die rechteckige Ziehklinge und die Schwanenhalsform (s. Abb. 108). Die rechteckige Form verwendet man für die Bearbeitung von Außenformen oder geraden Flächen. Die gebogene Schwanenhalsziehklinge wird zum Abziehen geschwungener Innenflächen und für Rundungen benutzt.
Man sollte beim Abziehen mit der Ziehklinge auf folgendes achten:

- Die Klinge wird mit beiden Händen gefaßt und schräg, etwa in einem Winkel von 30° Bahn neben Bahn über das Holz geführt.
- Der Druck darf nicht zu stark sein, sonst erhitzt sich der Stahl und wird viel zu schnell stumpf. Zeigt das Holz keine Reaktion mehr auf die Ziehklinge, gibt es noch die Möglichkeit, die Klinge in entgegengesetzter Richtung über das Holz zu schieben.

Zum Schluß wählt man die Reihenfolge der Schleifpapiere in aufsteigender Numerierung und erreicht damit den gewünschten Glättegrad.

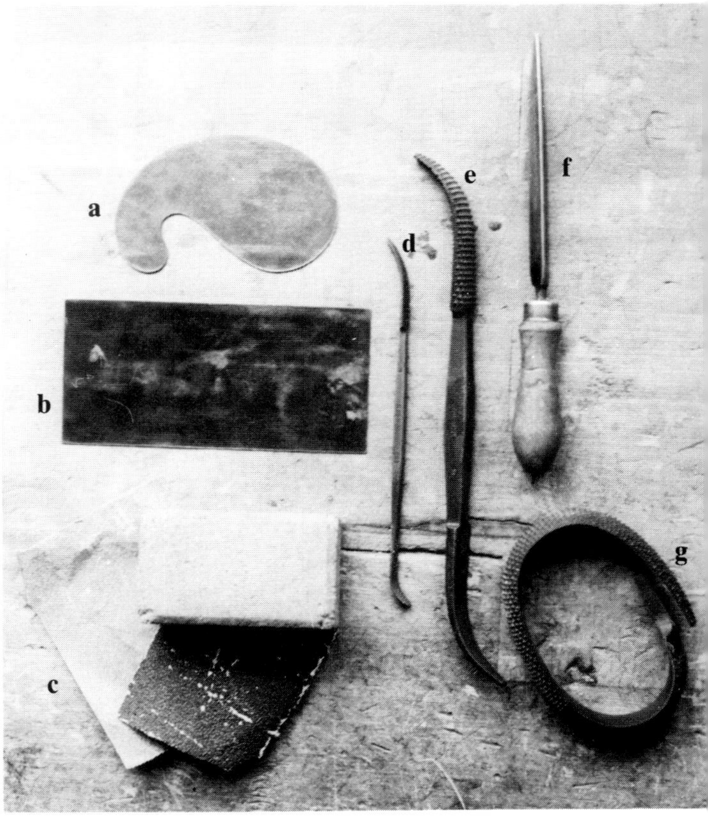

Abb. 108 a Schwanenhalsziehklinge, b Ziehklinge, c Schleifkorken und Schleifpapier, d Bildhauerraspel, e Treppenbauerraspel, f Ziehklingenstahl, g Treppenbauerraspel (geschlossene Form)

Das Schärfen der Ziehklinge

Für die Ziehklinge gilt das gleiche wie für unsere Schnitzmesser: Je schärfer sie ist, um so besser kann man damit arbeiten! Zum Schärfen spannt man die Ziehklinge zwischen zwei rechtwinklige Hartholzklötze in die Hobelbank oder den Schraubstock. Die Längskanten der Ziehklinge werden mit einer feinhiebigen Metallfeile rechtwinklig gefeilt. Dazu muß die Feile plan aufliegen und wird, leicht schräg gehalten, hin und her über die Kante geführt. So werden die Scharten beseitigt. Der noch teilweise vorhandene Grat verschwindet, und die rechtwinklige Kante entsteht.
Die beim ersten Feilgang entstandenen Arbeitsspuren (Feilriefen) lassen sich in einem zweiten Arbeitsgang reduzieren. Dabei liegt

Abb. 109 Schraubstock

die Feile wieder im rechten Winkel auf der Ziehklingenkante auf, und die Feile wird diagonal hin und her geführt; der Druck kann jetzt etwas reduziert werden.
Nun wird die Ziehklinge in kreisenden Bewegungen so lange auf dem Abziehstein abgezogen, bis kein Feilenstich mehr vorhanden ist und die Kanten vollkommen gerade sind. Danach zieht man abwechselnd Kanten und Flächen ab, bis der entstandene Grat völlig entfernt ist.
Zum Abziehen des Schneidegrates benutzt man den sog. *Ziehklingenstahl.* Dieser Stahl hat ungefähr die Größe einer Sägefeile, einen runden oder dreieckigen Querschnitt und ist blank poliert. Man legt die Ziehklinge auf die Hobelbank (bzw. den Arbeitstisch) und streicht mit dem flach aufliegenden Ziehklingenstahl unter Druck über den Rand der Klinge. Danach dreht man die Klinge um und wiederholt den ganzen Vorgang von der anderen Seite.
Zum Schluß hält man die Klinge mit der linken Hand – mit einem Tuch läßt sie sich gut anfassen – und stützt die Klinge senkrecht auf der Hobelbank auf. Mit der rechten Hand führt man nun den Ziehklingenstahl im flachen Winkel unter festem Druck von oben nach unten. Dadurch entsteht mit der Zeit der gewünschte Schneidegrat, d. h. man wiederholt dies so lange, bis der Schneidegrat die richtige Stärke erreicht hat. Nun ist das Werkzeug wieder frisch geschärft und einsatzbereit.

Das Leimen von Brettern und Bohlen

Eine der ältesten und wichtigsten Methoden, Holz miteinander zu verbinden, ist das Leimen. Bereits die Ägypter waren damit vertraut. Für größere Schnitzarbeiten, die ja mit zunehmendem Können für uns interessant werden, ist es notwendig, daß auch wir uns mit dieser Technik vertraut machen. Sehr selten kann man nämlich ein großes Holzstück so verwenden, wie es ist. Starke Bohlenstücke sind erst nach jahrelanger Lagerung richtig trocken und keineswegs einfach bzw. preiswert zu bekommen. Frisch geschlagenes oder nicht genügend abgelagertes Holz birgt hingegen immer die Gefahr in sich, Risse zu bekommen oder sich zu werfen. Diesem Werfen und Schwinden des Holzes muß unbedingt Rechnung getragen werden, wenn man keine bösen Überraschungen erleben möchte. Aus diesem Grund sollte man größere Holzstücke immer zuerst zertrennen und wieder neu zusammenfügen. Man darf sich nicht abschrecken lassen durch diese etwas mühevolle Vorarbeit für größere Projekte.

An größeren Holzstücken kommen für uns Bohlen (über 40 mm Stärke), Dielen (30 bis 40 mm) und Bretter (12 bis 30 mm) in Frage. Bretter sind entweder als Kernbretter aus der Stammitte oder als Seitenbretter geschnitten. Bohlen werden immer aus der Stammitte geschnitten. Bei Kernbrettern und Bohlen schneidet man den Kern heraus, weil der Kernbereich um die Markröhre herum rissig wird.

Bei den Vorarbeiten ist es wichtig, das Holz genau zu begutachten – es kann Wind- und Trockenrisse haben. Äste sollte man möglichst auslassen oder an einer Stelle unterbringen, an der sie nachher das Gesamtbild nicht stören. Natürlich gehören Äste zum Holz, häufig lassen sie sich auch sehr schön in eine Plastik »integrieren« – sind es aber zu viele, ist es besser, das Holz zugunsten der Gestaltungsmöglichkeit zu korrigieren.

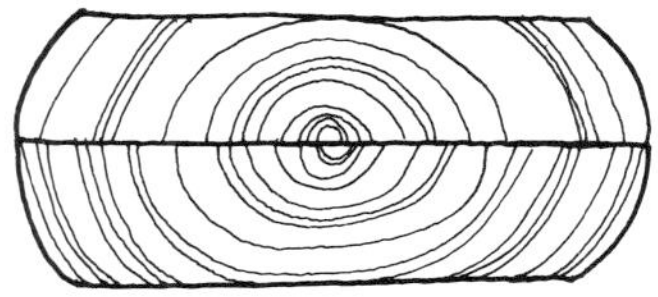

Abb. 110a

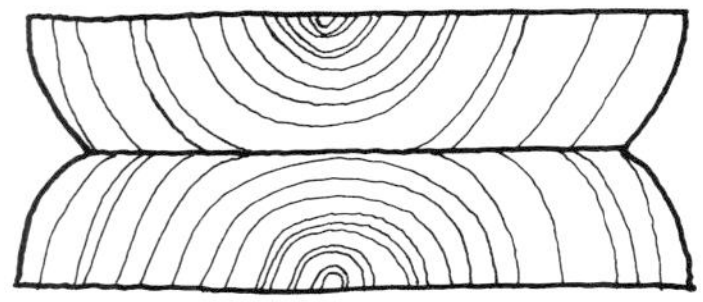

Abb. 110b

Holz wird immer nach dem Prinzip »Kern auf Kern« und »Splint auf Splint« verleimt (s. Abb. 110a+b). Diese Verfahrensweise verhindert Spannungen in der Klebefuge, da Kernholz auf Feuchtigkeitsschwankungen langsamer reagiert (quillt und schwindet) als Splintholz.

Grundsätzlich gilt: Man klebe stehende Jahresringe nicht mit liegenden, sondern füge gleichartiges Holz mit gleicher Verkernung zusammen (s. Abb. 111). Nachdem das Holz in Größen- und Reihenfolge vorbereitet ist, empfiehlt es sich, es noch ein paar Tage stehen zu lassen, da es immer noch »arbeitet«. Die für die Verleimung ausgewählten Holzteile kennzeichnet man mit Ziffern oder Spitzzeichen (s. Abb. 112).

Arbeitsweise: Das Leimen ist eine unlösbare Holzverbindung – allerdings nur dann, wenn die Verbindungen faserrichtig und fugendicht aufeinanderliegen. Besonders wichtig ist dies an den Stellen, an denen die zu verleimenden Flächen schmal sind und schon deswegen nur wenige Berührungspunkte haben.

Das Fugen der Kanten läßt man am besten von einem Schreiner mit der Abrichtemaschine erledigen. Man kann diesen Arbeitsgang aber auch mit dem Handhobel oder der Rauhbank selbst ausführen – vorausgesetzt, man hat darin Übung!

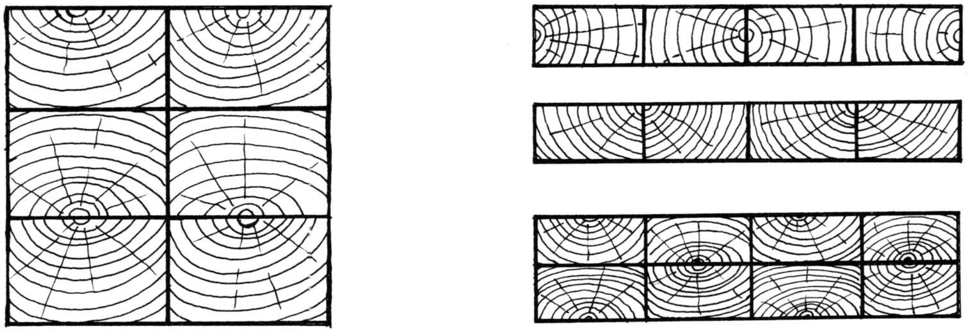

Abb. 111

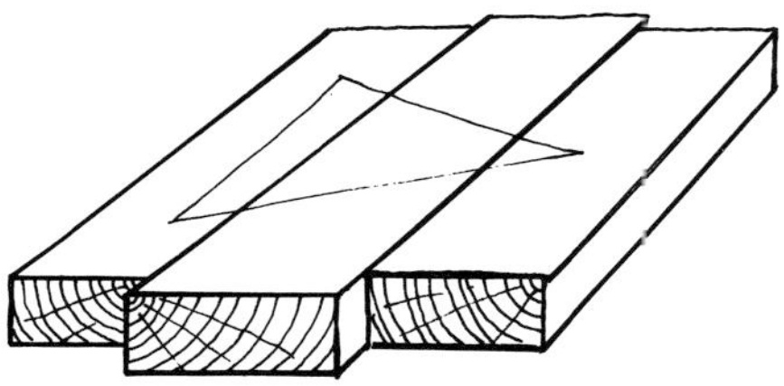

Abb. 112a

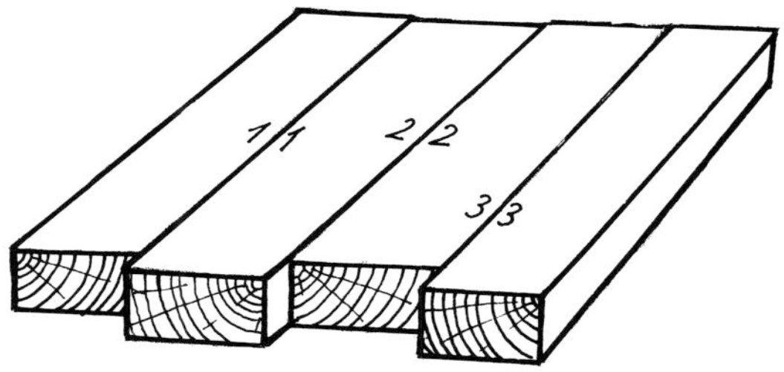

Abb. 112b

Für eine gleichmäßige Benetzung und einwandfreie Vorbereitung der Klebefuge müssen die Fugen fett- und staubfrei sein, nur das garantiert eine gute Haftung.
Als Leim wählen wir einen Kaltleim, der wesentlich einfacher zu verarbeiten ist als ein warmer Leim (Knochen-, Leder- oder Hautleim), auch wenn er kaum feuchtigkeitsbeständiger ist. Den Leim trägt man mit einem Pinsel oder einem Kunststoffspachtel auf, wobei darauf zu achten ist, daß beide Fügeflächen vollständig bestrichen sind. Achtung: Übermäßig viel Leim nützt überhaupt nichts!
Leim erhärtet, indem das Holz das Lösungsmittel Wasser aufsaugt. Das bedeutet: Die Holzfeuchtigkeit der einzelnen Teile, die zusammengefügt werden sollen, sollte möglichst niedrig sein, da eine nasse Fuge das Lösungsmittel des Leims nicht aufnehmen kann.

Nachdem der Leim aufgetragen ist, preßt man die zu verbindenden Teile mit der notwendigen Zahl von Schraubzwingen oder in einem Schraubstock zusammen, wobei der Preßdruck so hoch zu wählen ist, daß die Fugen geschlossen sind, aber keine Druckstellen entstehen. Als Unterlage kann man kleine Holzreste verwenden. Zweckmäßig ist es, nach ca. 10–15 Minuten noch einmal nachzuspannen. Falls beim Nachspannen überschüssiger Leim aus der Fuge tritt, sollte man ihn sofort mit einem feuchten Tuch oder Schwamm abwischen, da an den Stellen, an denen der Leim angetrocknet ist, das Schnitzeisen nur schwer ins Holz dringt.
Die Klebefuge hat ihre optimale Festigkeit erreicht, wenn der Leim vollständig ausgehärtet ist. Bei Zimmertemperatur (ca. 20 Grad) sollte die Preßzeit mindestens 30 Minuten betragen.

Additives Gestalten aus Schichtholz

Holzabfälle jeglicher Art sollte man sammeln und so aufbewahren, daß sie immer gut belüftet sind, um das Holz vor dem Verstocken zu bewahren. Wenn man mehrere verschiedene Hölzer beisammen hat, lassen sich daraus schöne Arbeiten herstellen. Dazu leimt man etliche, möglichst in Farbe und Maserung differierende Hölzer aufeinander. Je nachdem, welche Idee wir verwirklichen wollen, können wir Hölzer verschiedener Stärke, von Brettern bis zu Furnierabfällen, verwenden.

Die einzelnen Holzstücke müssen vor dem Verleimen beidseitig sauber geglättet werden. Da es sich meist um kleine Stücke handelt, schleift man sie mit Schleifpapier. Letzteres legen wir dazu auf eine feste Unterlage und reiben die Holzstücke darauf hin und her, bis sie so glatt sind, daß sie plan aufeinanderpassen.

Abb. 113a–c Darstellung einer menschlichen Figur (additiv)

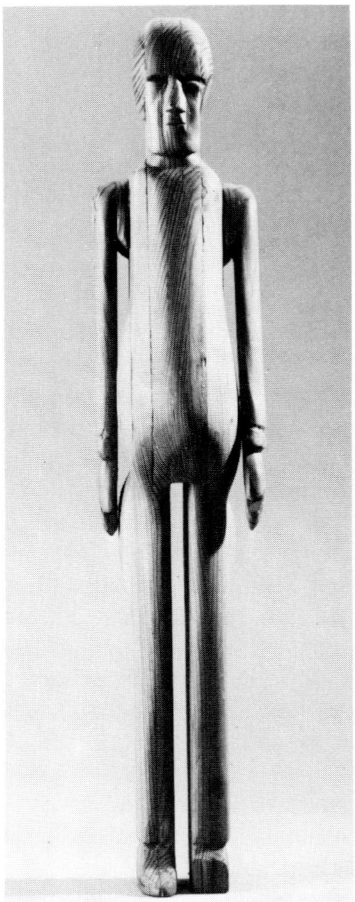

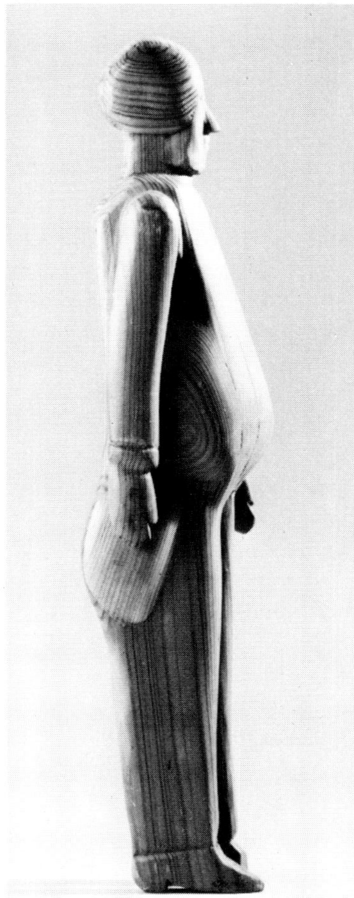

Abb. 115 Raupe

Die Raupe

Bei unserem Beispiel, der Raupe, ist es sinnvoll, bei einzelnen Hölzchen vor dem Verleimen die Kanten zu brechen. Da unser Holz sehr unterschiedlich breit ist, kann man zuvor keine genaue Skizze anfertigen. Trotzdem ist es gut, wenn man sich anhand einiger kleiner Ideenskizzen vergegenwärtigt, wie es aussieht, wenn sich eine Raupe in Bewegung befindet.

▲ *Abb. 114a* ▼ *Abb. 114b*

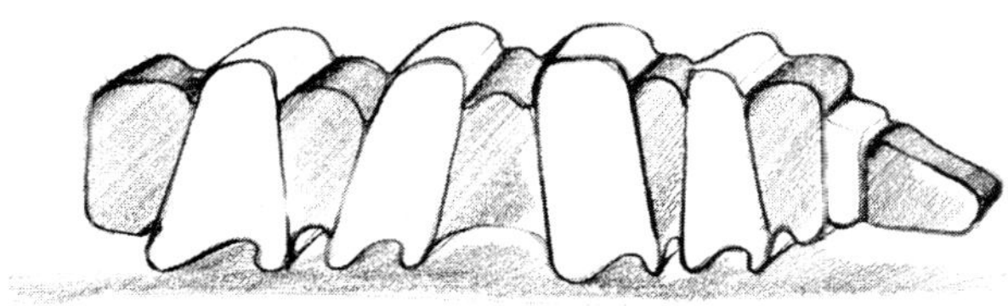

Das Auf und Ab des Raupenkörpers kann man durch eine gezielte Schräglage der Holzstückchen ausdrücken.
Nun leimt man die einzelnen Stücke so aneinander, daß eine grobe, plastische Form entsteht, die ähnlich aussieht wie eine mehrfach abgebundene Wurst. Das läßt sich natürlich nicht in einem einzigen Arbeitsgang bewerkstelligen. Deshalb fügt man die Holzstücke, je nach Schräge, zuerst in einzelne Gruppen zusammen. Sonst laufen wir Gefahr, daß alles auseinandergesprengt wird, wenn die Schraubzwinge angezogen wird.
Nachdem der Leim gut angetrocknet ist, verleihen wir mit Raspel und Feile unserem Tier seine endgültige Gestalt. Besonders gelungen sieht es aus, wenn das Auf und Ab der Kriechbewegungen durch die einzelnen Farbschichten unterstützt wird, so daß dadurch der Bewegungsablauf noch deutlicher zum Ausdruck kommt.
Schichtholz bietet natürlich noch eine Vielzahl anderer Möglichkeiten. So lassen sich alle nur denkbaren Handschmeichlerformen, aber auch Gebrauchsgegenstände, daraus fertigen.

Das Vergrößern eines Entwurfes

Es wird des öfteren vorkommen, daß beim Skizzieren einer Arbeit ein recht brauchbarer Entwurf entsteht, der nur leider nicht die richtige Größe hat. Mancher tut sich mit kleineren Skizzen auch leichter als mit großen.
Um nun die Zeichnung in die gewünschte Größe umzusetzen, gibt es eine ganz einfache Methode: das Quadratnetz (s. Abb. 116). Es beruht auf der Tatsache, daß Rechtecke mit gleichgerichteten Diagonalen in ihrer Proportion immer gleich sind. So kann man spielend eine Zeichnung in jede beliebige Größe umsetzen.
Um die Originalskizze nicht zu beschädigen, heftet man ein Transparent- oder Pauspapier darauf. Nun zeichnen wir um die Skizze ein Rechteck, das wir in Quadrate aufteilen. Anschließend ziehen wir eine diagonale Linie, beginnend in der linken unteren Ecke bis über die obere rechte Ecke unseres Rechtecks hinaus.
Die eigentliche Vergrößerung zeichnen wir auf ein zweites Transparentpapier. Beginnend in der linken unteren Ecke unseres Originals, zeichnen wir eine senkrechte Linie von der Länge, die der Entwurf bekommen soll. Von deren Endpunkt ausgehend zieht man im rechten Winkel eine Linie zur gemeinsamen Diagonale. Das so entstandene neue Rechteck ergibt die Grundfläche für unsere Vergrößerung. Diese teilt man dann in genauso viele Quadrate auf wie den Originalentwurf. Je enger das Quadratnetz ist, um so leichter lassen sich die Linien innerhalb der einzelnen Quadrate übertragen. Ist der Entwurf nur an einzelnen Stellen kompliziert, kann man die entsprechenden Quadrate vierteln, indem man ihre Seiten halbiert.

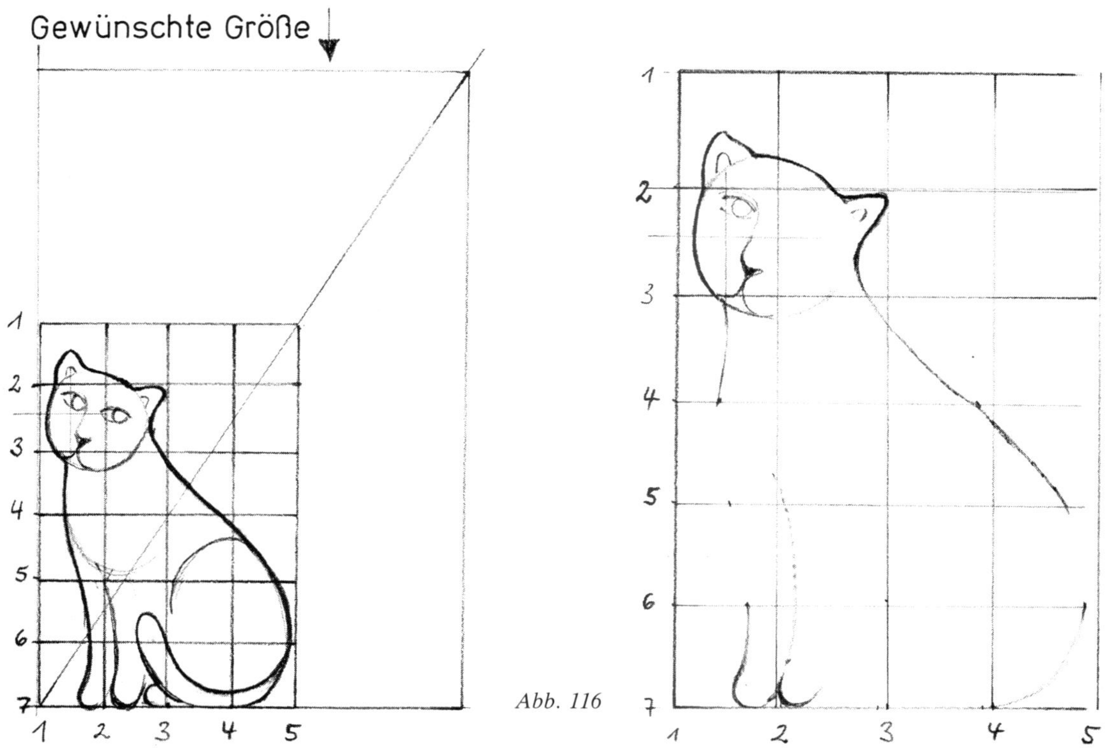

Abb. 116

Größere Schnitzarbeiten

Von dem, was wir bisher an holzplastischen Formtechniken erarbeitet haben, ist die ernsthafte bildhauerische Tätigkeit nur sehr schwer zu trennen. Brauchen wir für sie doch all die Fähigkeiten und Fertigkeiten, um deren Erwerb wir uns während der früheren Arbeiten bemüht haben.
Unterschiede gibt es sicherlich in den Formaten, die wir jetzt wählen werden, Unterschiede auch in der Konzeption, und Unterschiede zweifellos auch in den Anforderungen an die technischen und bildnerischen Fähigkeiten. Das aber läßt sich im Grunde nur durch sehr viel Übung, durch ein sorgfältiges Beobachten der Formen und des Werkstoffs erlernen. Was jetzt noch fehlt, muß sich deshalb jeder weitgehend selbst aneignen durch vielfältiges Probieren, intensives Formenstudium, durch das Modellieren in Ton, Plastilin und anderen formbaren Stoffen, durch ausdauernde Übungen im Figurenzeichnen und nicht zuletzt immer wieder durch das »bildhauerische« Betrachten guter Schnitzarbeiten.
Schließlich gibt es auch noch die Möglichkeit, einige Wochen in einer Bildhauerwerkstatt zu arbeiten oder Kurse an der Volkshochschule zu besuchen.

Gazellen und Antilopen

Gazellen und Antilopen sind zierliche, feingliedrige Tiere, deren Gehörn fast filigran anmutet. Daraus ergibt sich eine Vielfalt von Gestaltungsmöglichkeiten, in denen sich die Spannungen im Körperbild offenbaren.
Wir haben ja nun schon ein gutes Maß an technischer Kenntnis und Fertigkeit erreicht, so daß wir uns mit der differenzierten Gestaltung der Sprung- und Drehform beschäftigen können. Sowohl einheimische als auch exotische Hölzer aller Härtegrade lassen sich dafür verwenden. Nadelhölzer sind schwer zu bearbeiten, können aber eine schöne Wirkung ergeben.
Für die Formfindung sollten wir uns die charakteristischen Merkmale dieser Tierart vergegenwärtigen: kurzer Leib, lange, ja überlange Beine und ein schlanker Hals. Mit Hilfe von Dreiecken können wir die Grundform leicht finden. Sie kann abgewandelt werden in eine Sprung-, Schreck-, Flucht- oder Ruhestellung, mit Blickwendung nach vorn, zur Seite oder nach hin-

Abb. 117 Gazellen

ten, mit vorgerecktem, zurückgeworfenem oder gesenktem Hals etc. Jede gewählte Haltung kann entweder mehr auf eine runde, kantenfreie oder auf eine kantige Form hinauslaufen. Auch die Hörner können spießförmig, flach oder gewellt sein.

Der Arbeitsgang

Zuerst fertigen wir eine Reihe von Skizzen an, von denen wir die beste auswählen. Dann suchen wir nach der Skizze das Holz aus, übertragen sie auf das Holz und sägen die grobe Form aus. Mit der Ausarbeitung beginnen wir in der Reihenfolge: Leib, Hals und Kopf. Zuletzt trennen wir die Beine auf.
Beine wirken schlank, wenn sie sich nach unten verjüngen, also spitzer werden. Der Einschnitt, der die Beine trennt, sollte mit der Feile hochgezogen werden und verlaufend sein. Wenn man die Figur von vorne anschaut, sollten die Beine nicht blockhaft wirken.
Für die Hörner haben wir kein Holz stehenlassen, sondern fertigen sie aus einem anderen, stärkeren Holz an und setzen sie dann ein. Zunächst sägen wir nur ein Horn aus, das wir dann anschließend senkrecht in der Mitte trennen, dadurch erhalten wir gleichmäßige Hörner. Mit den eingesetzten Hörnern kann man einen besonderen Reiz erzielen, wenn man sie aus einer andersfarbigen Holzart anfertigt.
Zuletzt bohrt man am Kopf passende Löcher vor und leimt die Hörner ein.

»Muskelprotze«

Wir werden vor völlig neue Aufgaben gestellt, wenn wir von der grazilen Form der Antilopen und Gazellen zur plumpen Form der Stiere, Bisons und Dickhäuter übergehen. War es bisher unser Bestreben, durch Wegnehmen von Material möglichst zierliche Tiergestalten zu

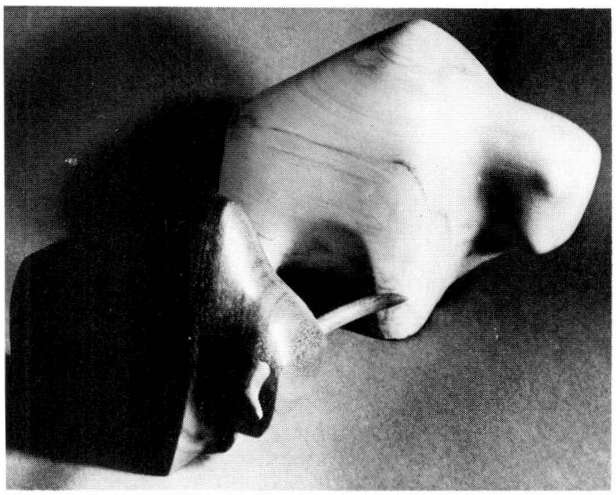

Abb. 118–120 Verschiedene „Muskelprotze“

schaffen, so lautet jetzt unsere Zielsetzung umgekehrt: Volumen schaffen durch möglichst wenig Wegnahme.

Dieses Volumen erscheint nun in einer Tierform, einem Stier nämlich, die statisch, als in sich gesammelte Muskelkraft, oder dynamisch, als Anspannung aller Muskeln in einer Bewegungsrichtung (etwa auf einen Angreifer oder zur Abwehr) sein kann.

Grundsätzlich sind beide Auffassungen zur Darstellung geeignet, wobei man berücksichtigen sollte, daß sich fast alle Muskelprotze recht angriffslustig zu geben pflegen. Die Wahl der Form ist eine Frage des Temperaments und der guten Vorstellungsgabe.

Hervorragend eignen sich Hölzer wie Apfel, Birne, Nußbaum, Linde, Ahorn und Akazie. Vom Charakter sehr passend wäre auch Zwetschge, doch finden wir leider nur selten rißfreies Material in dieser Größe. Verleimte Hölzer sehen bei dieser Art der Darstellung nicht besonders schön aus.

Zunächst erarbeitet man sich zeichnerisch die Wesensmerkmale des Tieres (s. Abb. 121) – typische Haltungsweisen wie plumper Körper, dicker Kopf –, wobei alles Nebensächliche wegbleiben kann. Wir wollen ja so wenig wie möglich vom Klotz wegnehmen und trotzdem das Typische des Tieres herausstellen.

Nach dem Übertragen der Skizze auf den Klotz sägen wir die Kontur aus. Hierbei können Holzstärke und -härte einige Schwierigkeiten bereiten; diese zu überwinden, lassen wir uns einige Hilfen einfallen:

Abb. 121

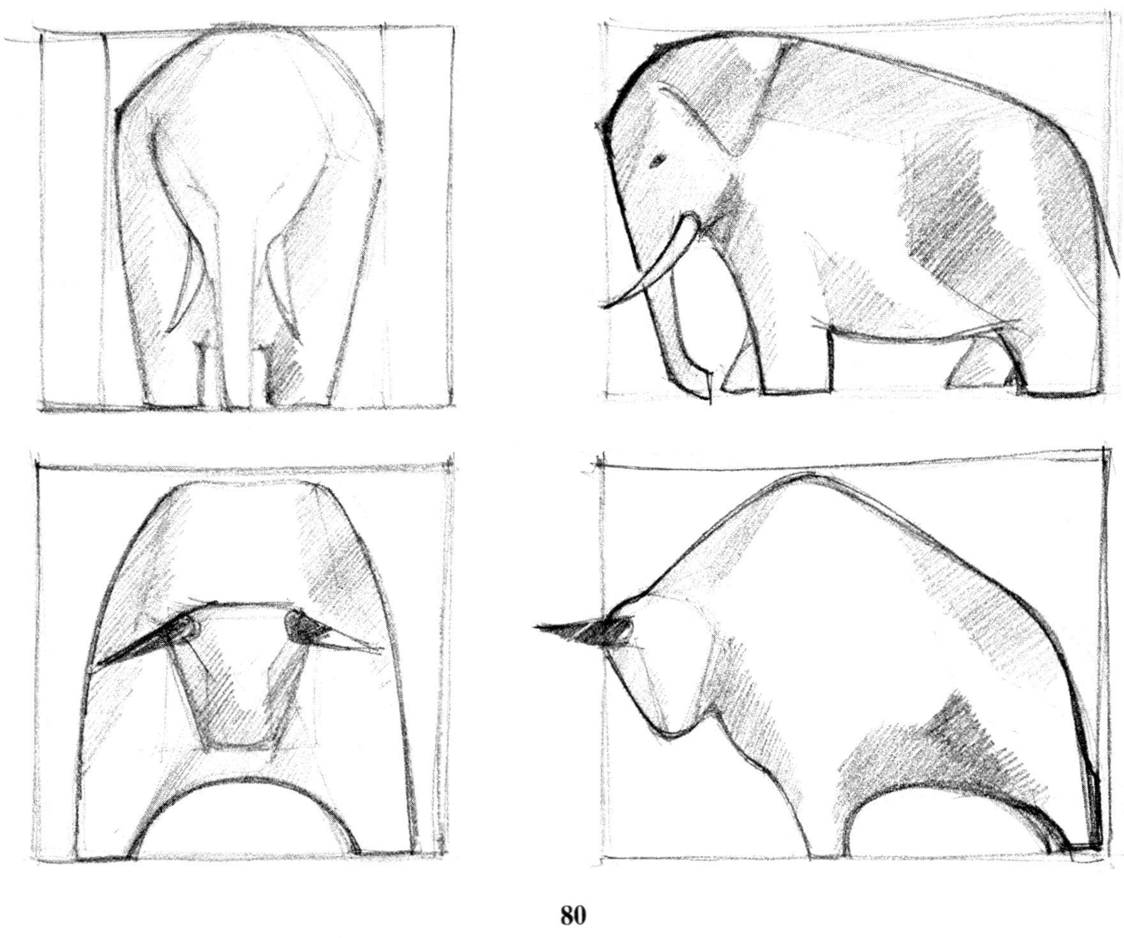

Abb. 122

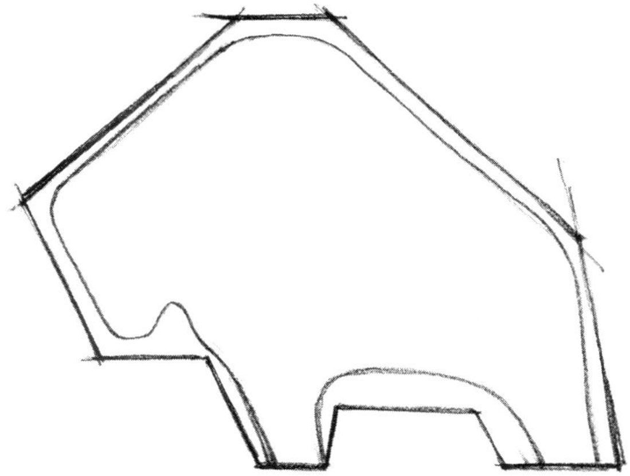

Abb. 123

1. Einsägen und abspalten mit dem Stechbeitel bis auf eine Stufenform; abspalten immer vom Scheitel der Krümmung abwärts (s. Abb. 122).
2. Mit Handsäge und Fuchsschwanz so lange die Ecken absägen, bis der Rest mit der Raspel bewältigt werden kann (s. Abb. 123).
3. Reihen bohren und dann die Stege durchtrennen. Dabei ist zu beachten, daß das Werkstück immer plan zum Bohrer liegen muß.

Liegt die Rohform unseres »Muskelprotzes« vor uns, beginnt die eigentliche Feinarbeit; dabei gibt es verschiedene Möglichkeiten:

- Wir können die Blockform, d. h. die nach der Kontur ausgesägte Form, in ihren Grundzügen bestehen lassen. Die Rundungen der Kontur fallen weg, jedoch kann die Kopfform ein wenig eingezogen werden. Die Beine gestalten wir als massiven Block, trennen sie also nicht.
- Wir gestalten eine weiche Rundform. Hier heißt es, wenn schon runden, dann auch richtig, nicht nur mehr oder weniger die Kanten brechen. Die eigentliche Holzstärke soll also nicht offensichtlich sein. Rundung und Kanten kann man durchaus abwechselnd einsetzen.

Auf das Herausarbeiten von Muskelpartien und Fesseln etc. sollte man bewußt verzichten. Das Werkstück soll am Ende durch seine schöne, ungekünstelte Form, Glätte und Maserung so wirken, daß jeder das Bedürfnis verspürt, es in die Hand nehmen zu wollen.

Abb. 124 Ein Werkstück, das zum Berühren einlädt.

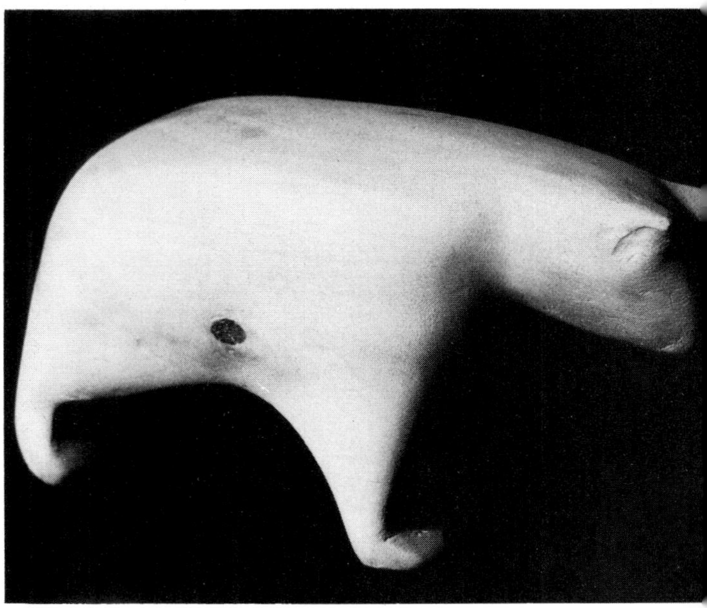

Kopfstudien: Von der Maske zur vollplastischen Darstellung

Einen menschlichen Kopf zu gestalten ist sicher eine der interessantesten Aufgaben, die man sich als Holzschnitzer stellen kann. Gibt es doch so vielerlei Charaktere und damit auch Gesichter, wie es Menschen gibt.
Zur Einführung in die Arbeit ist das Schnitzen einer Maske eine sehr gute Übung, mit der man sich an die verschiedenen Ausdrucksformen herantasten kann. Hier ist es möglich, ohne sich an anatomische Regeln halten zu müssen, herrliche Studien zu treiben, übersteigerte Gemütsbewegungen wie Freude, Zorn, Unzufriedenheit, Trauer, Eigensinn etc. darzustellen, aber auch Lachen und Weinen.
Auf diese Weise kann man Grundformen für Augen, Nase und Mund ausprobieren, und da die Maske ja als Relief gestaltet wird, muß man sich zunächst noch nicht mit den Schwierigkeiten der rundplastischen Darstellung auseinandersetzen. Beim Entwerfen wird man schnell entdecken, daß eine Kopfform, die zum Kinn hin schmaler wird, Sensibilität ausdrücken kann (s. Abb. 126), oder umgekehrt, eine Kopfform, die eher kinnlastig und pausbackig wird, einen wohlgenährten Typ vorstellt. Eine quadratische bzw. rechteckige Kopfform läßt nochmals einen anderen Charakter erkennen.
Natürlich reicht nicht allein die äußere Form des Kopfes aus, um den sensiblen Träumer, den verfressenen Lüstling, den alten Griesgram darzustellen. Wesentlich ist auch die Größe der Augen, ihre Stellung – wie eng sie beieinanderstehen bzw. wie weit voneinander entfernt –, die Form der Nase und des Mundes sowie das Verhältnis aller Teile zueinander. Schließlich kann man noch mit Stirn- oder Mundfalten ein übriges tun.
Einfache Strichzeichnungen reichen anfänglich aus, um die verschiedenen Ausdrucksformen deutlich werden zu lassen. Anschließend sollte man einen originalgroßen, detaillierten Entwurf zeichnen, am besten in den Ausmaßen eines menschlichen Kopfes. Weiches Holz wie Linde, Erle, Limba, aber auch Nußbaum, Akazie oder Apfel lassen sich gut dafür einsetzen. Hat man die Skizze auf das Holz übertragen, arbeitet man zunächst die Außenform heraus. Dies kann mit Hilfe der Säge geschehen, oder aber man beginnt gleich, mit einem breiten Schweizereisen die Form anzuschlagen. Mit dem Kerbschnitt, d. h. Stich und Gegenstich (s. S. 55ff.), arbeitet man die aufgezeichneten Teile wie Augen, Nase und Mund heraus.
Jetzt sollte man der Phantasie freien Lauf lassen, denn beim Formen im Holz wird sich noch mancher neue Aspekt ergeben. Sollen Nase, Augen oder Mund besonders betont werden, so wird man sie frei und stark hervortreten lassen. Auch bei der Maske sollten wir nicht nur in der Fläche arbeiten, sondern Stirn, Wange und Kinn halbplastisch gestalten.

Abb. 126

Abb. 125

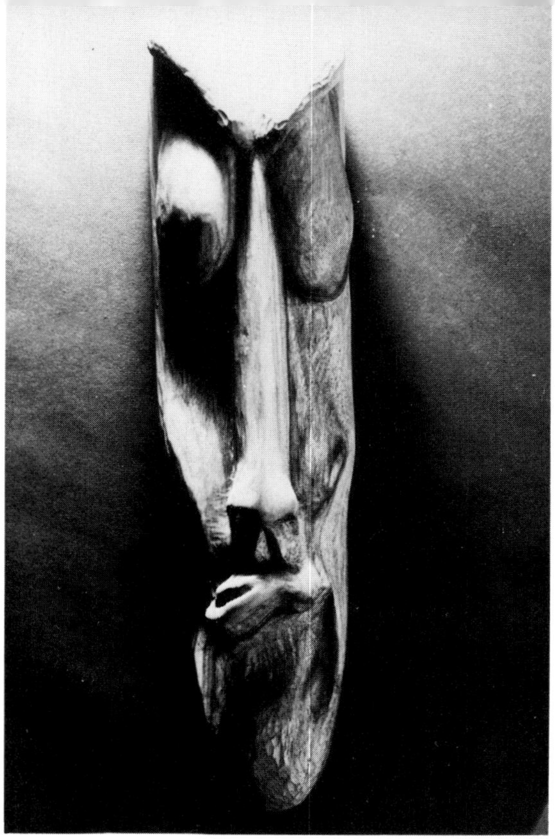

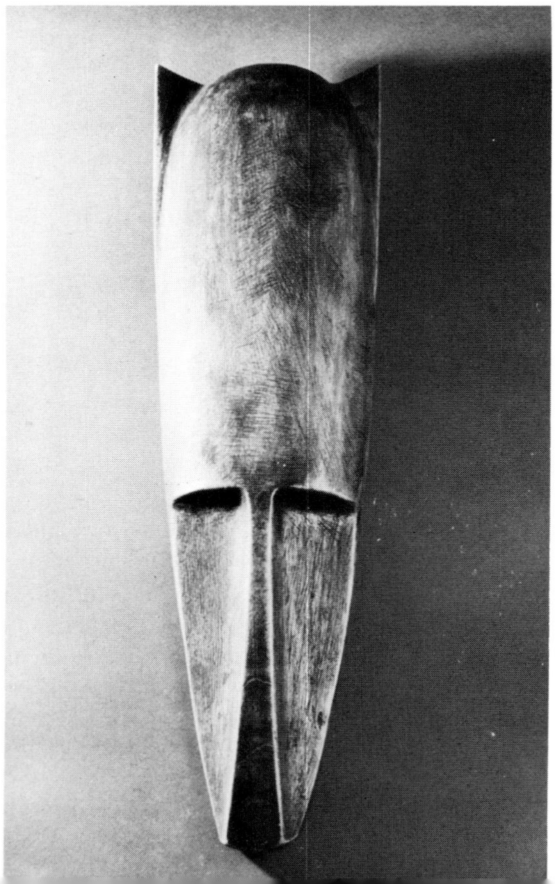

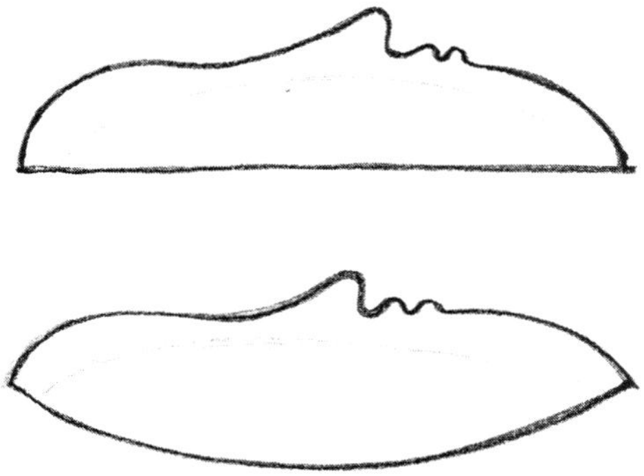

Abb. 131a

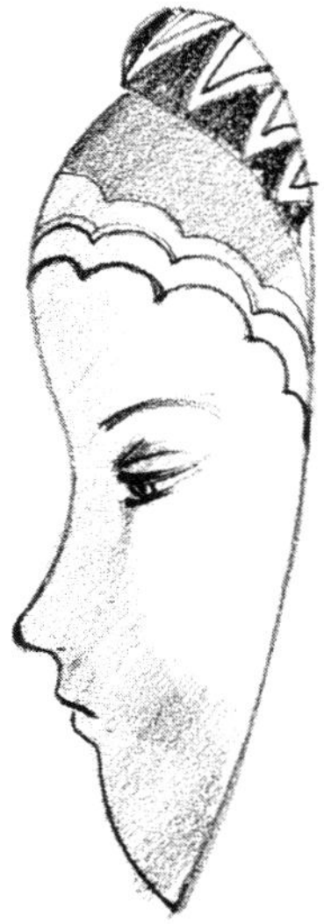

Abb. 131b

Eine noch bessere plastische Wirkung erzielt man, indem man den Rand der Rückseite zurückrundet (s. Abb. 131a+b).
Die Oberfläche kann roh behauen bleiben oder sauber geglättet werden. In unserem Fall ist ein sauberer Schnitt oder eine geschliffene Oberfläche ratsam, man kann so die entstandene Form besser beurteilen. Natürlich spielt hier die Art der Maske und die Maserung des Holzes eine wesentliche Rolle.
Das Holz wirkt schon sehr schön in seiner natürlichen Farbe, man kann es aber auch beizen oder brennen und dann mit der Stahlbürste nachbehandeln. Natürlich ist auch eine Bemalung bei Masken ein sehr wirkungsvolles Ausdrucksmittel.
Wenn wir uns nun an das plastische Formen eines Kopfes wagen, können wir auf das zurückgreifen, was wir uns, wenn auch in übersteigerter Form, bei der Maske erarbeitet haben, also etwa den Ausdruck bzw. die Darstellung der verschiedenen Gemütsbewegungen. Ansonsten finden wir bei der Rundplastik ganz neue Gesetzmäßigkeiten vor.
Eine gute schematische Gestaltungshilfe ist wieder einmal die Eiform. Wie bei einem Vogelei kann sie sehr verschiedene Proportionen haben: lang, schmal oder beinahe rund.

◂ *Abb. 127–130 Verschiedene Maskenformen*
Abb. 132 Hutzelweibchen aus Wurzelholz

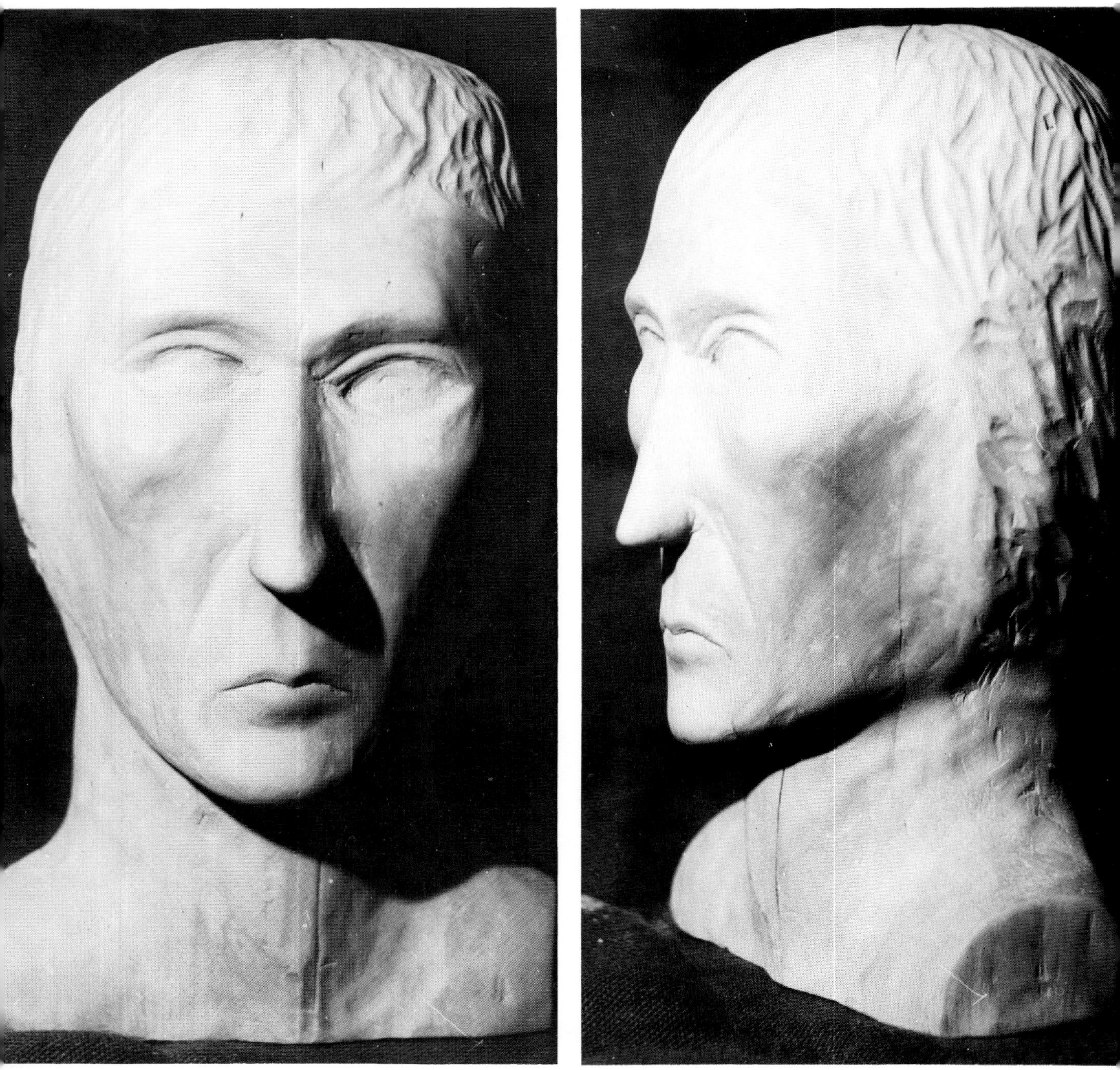

Abb. 133a+b Kopfstudie

Das Ei unterteilt man systematisch mit einem Linienschema, je nach Höhen- und Breitenverhältnis. Dann werden die Breitenabstände von Augen und Mund, die Nasenwurzel, die Kinneinbuchtung, Haaransatz und Ohren markiert. Die Zeichnung braucht man nur so weit auszuarbeiten, bis das richtige proportionale Verhältnis entstanden ist. In der gleichen Art fertigt man eine Skizze des Profils an.
Dann überträgt man die Skizze auf den Klotz, den man zuvor schon in der gewünschten Größe zugesägt hat. Mit einem breiten Schweizereisen schlägt man die grobe Form an. Wem das zu ineffektiv ist, der kann auch zuerst zur Säge greifen und die harten Sägekanten danach mit dem Schnitzeisen brechen.
Für die zweite Arbeitsphase, das Formen der Nase und der Augenpartie, also das grobe Vormodellieren des Gesichtes, benützt man ein Hohleisen; dabei richtet sich die Größe des Eisens nach den Gegebenheiten unseres Entwurfes.
Wangenpartie, Schläfen und Stirn sowie Mund und Kinn formt man mit einem Flacheisen.
Fast jeder Anfänger läuft Gefahr, einen Kopf zu eckig bzw. zu flächig zu gestalten. Man sollte sich immer wieder am lebenden Modell orientieren. Das greifbarste Modell für eine Kopfstudie ist immer das eigene Spiegelbild. Hier kann verglichen werden: Wie sieht der Übergang der Nase zur Wangenpartie aus, wie ist das Kinn geformt etc. Dadurch ergibt sich manche Korrektur aus der Anschauung.
Der dritte Arbeitsabschnitt führt in die Details. Jetzt schnitzt man sehr bedacht Stück für Stück mit kleineren Eisen die individuelle Form des Profils, Augenlider und Augen (das Auge steht immer schräg nach unten, sonst bekommt es einen starren Blick), Mund, Ohren etc. Haare kann man mit dem Geißfuß schneiden oder formal streng, nur andeutungsweise darstellen. Wie detailliert man dieses Thema ausgestaltet, muß ganz individuell entschieden werden.
Die Wahl des Holzes spielt natürlich auch eine große Rolle für die Formgebung. Eichenholz wird andere Konturen fordern als das weiche Lindenholz. Für unseren ersten Versuch sollten wir auf jeden Fall ein weiches Holz wählen, das uns nicht so viel Widerstand entgegenbringt wie etwa die eigenwillige Eiche.

Krippenfiguren

Für eine erste Darstellung und Auseinandersetzung mit der menschlichen Gestalt eignet sich vortrefflich das Schnitzen einer Krippe. Das betrifft sowohl den Einsatz unserer bisher erworbenen Fertigkeiten auf technischem Gebiet, als auch die bildnerischen und kompositorischen Voraussetzungen: Die außerordentlich vielfältigen Darstellungsmöglichkeiten von Menschen im Sitzen, Stehen, Liegen, die verschiedenen Kopfformen, die durch Gesichtsausdruck und Gebärde herausgearbeiteten Charaktere – dies alles bietet uns ein großes Übungsfeld. Wir werden sehen, wie sehr uns unsere Überlegungen und Arbeiten für eine charakteristische Gestalt unserer Fische, Katzen, Bären, Antilopen, Stiere und Elefanten nützlich sein werden.

Doch bevor wir mit unseren Skizzen und Entwürfen beginnen, müssen wir zwei grundsätzliche Entscheidungen treffen:

1. Für die Gestaltung bietet es sich an, über das Holz hinaus weitere Materialien einzubeziehen wie Stoffe, ungesponnene Wolle, Filz und vieles mehr. Dies hat den Vorteil, daß wir zunächst über manche Schwierigkeiten, die bei der Darstellung auch des weitgehend verhüllten menschlichen Körpers auftreten, hinwegkommen – die Mängel unserer Arbeit sozusagen retuschieren können.
   Ferner kann man in die Gestaltung auch eine Kolorierung einbeziehen, was nicht nur für die Wahl des Holzes wichtig ist (die Maserung hat dann eine weniger große Bedeutung), sondern auch an die Gestaltung der Figuren andere Ansprüche stellen würde. Letzteres wird dann von selbst deutlich, wenn wir uns mit den Problemen einer Ausführung ganz in Holz beschäftigen.
2. Welche Charaktere, welche innere Haltung, welche Anordnung der Figuren zueinander wollen wir gestalten? Wählen wir dazu eine vereinfachte Linienführung, die zu einer eher abstrahierten Form der figürlichen Darstellung führt? Lassen wir Figurengruppen wie Maria, Josef und das Kind als eine in sich geschlossene Einheit erscheinen, bei der die Linien beziehungsreich ineinanderlaufen, ohne daß es zu klar abgegrenzten Flächen kommt? (Das würde dann sicher gegen eine Kolorierung sprechen.)

Wir verzichten hier ganz bewußt auf exakte Arbeitshinweise. Vielmehr wollen wir nur Grundüberlegungen anstellen, die das Finden einer »eigenen« Krippe erleichtern sollen. Dabei schließen wir die Verwendung weiterer Materialien aus und konzentrieren uns ganz auf die Probleme einer vollplastischen Krippe aus Holz.

Abb. 135

Abb. 134 Krippenfiguren Maria und Josef (Eichenholz)

Abb. 136 Krippenfiguren; zwei Hirten und drei Könige (Schülerarbeiten)

Wie wir bereits festgestellt haben, verbirgt die Kleidung der Krippenfiguren sehr viel von deren Gestalt. Deshalb kommen der Körperhaltung und der Gebärde eine wichtige Aufgabe für die Darstellung der »inneren Haltung« der Figuren und für ihre Charakterisierung zu. Eine besondere Stellung nimmt hierbei gewissermaßen das Gesicht ein, zu dem wir ja bereits entsprechende Vorübungen gemacht haben.
Zunächst müssen wir klären, welche Merkmale für die jeweilige Figur und in ihrer Beziehung zu den anderen Figuren charakteristisch sind. Wie stellen wir uns Maria, die junge Mutter, vor, wie Josef, den bereits bejahrten Handwerker, wie die Hirten, die Könige? Wird das Kind in einer Krippe liegen oder hält Maria es auf dem Schoß? Wie bringen Maria und Josef ihre Haltung gegenüber dem Kind zum Ausdruck?
Vielleicht sollte man mit den Hirten beginnen. Bei ihnen handelt es sich um mehrere Figuren verschiedenen Alters, die aufgrund ihrer Rolle und ihrer inneren Haltung zu dem Geschehen vielfältige Gebärden und Gesichtsausdrücke ermöglichen. Während des Zeichnens wird man entscheiden, ob man die Figuren sitzend oder stehend gestalten will. Dazu kommt ferner die Möglichkeit, die Gruppe aufzuteilen: einige knien, manche stehen, wieder andere gehen. Denken wir dabei auch schon an die Kleider: Wie lang werden sie bei der knienden oder sitzenden, wie lang bei der stehenden Gestalt? Möchte man die Hirten als staunendes Volk darstellen, legt man den Schwerpunkt auf den Gesichtsausdruck, unterstützt durch die Körperbewegung. Hier kann man die volle Plastizität und z. B. auch die Körperdrehung miteinbeziehen. Einer Figur könnte man einen Stock in die Hand geben. Hier stellt sich die Frage, ob man diesen aus einem extra Stück Holz, vielleicht in einer anderen Holzart, einsetzt. Das kann sehr schön wirken, allerdings geht dabei ein wenig von der Bewegung verloren, da der eingesetzte Stock sozusagen die Figur teilt. Er kann aber auch in die Figur miteinbezogen werden; man muß nur einen Blick dafür haben, wie er sich an den Körper anschmiegen läßt.

Stellen wir die Gruppe Maria, Josef und Kind in die Mitte. Maria sitzend, in ihren Armen das Kind. Dazu kann sich Maria, den Kopf leicht zur Seite geneigt, nach vorne beugen, wodurch der Ausdruck verstärkt wird und eine kleine, in sich geschlossene Form entsteht. Verweilt Josef in einer stehenden Haltung, den Arm schützend um Maria und das Kind gelegt, so kann man dies durch den ausgebreiteten Ärmel noch betonen. Dadurch ist hier eine sehr schöne Mittelgruppe entstanden.
Für die Darstellung des Kindergesichtes stellen wir folgende Vorüberlegungen an: Wie soll man dieses Gesicht aufbauen im Vergleich zu dem eines Erwachsenen? Der Ausdruck ist viel verträumter und offener, fast ein wenig »entrückt«. Dies sei nur kurz zur Darstellung des Kopfes gesagt. Denken wir auch hier an das, was wir über den Abstand der Augen und die Verteilung der Proportionen schon im Kapitel »Kopfstudien« bemerkt haben.
Wenn wir noch verschiedene Teile dazunehmen wollen, wird uns sehr hilfreich sein, was wir in dieser Hinsicht bereits erarbeitet haben. Jetzt müssen wir es nur auf Ochse, Esel oder Schafe übertragen.
Die Könige können wir in Kleidung und Kopfbedeckung ganz anders ausarbeiten als Maria, Josef und die Hirten. Beispielsweise können wir bei der Gestaltung des Mohrenkönigs ausprobieren, was man erreicht, wenn man etwa die Nase breiter auf den Wangen aufliegen läßt. Oder wie verändert sich ein Gesichtsausdruck durch eine schmalere Augenstellung, also durch das Gegenteil dessen, was wir bei der Darstellung des Kindergesichts berücksichtigen müssen?
Wichtig sind auch die Gaben, die dem Kind und seiner Mutter dargebracht werden. Bei den Königen wird das formal einfacher darzustellen sein, da sich die Geschenke in Kästchen befinden und dem Kind so überreicht werden können. Ein Hirte kann sein Schaf auf den Schultern tragen, es könnte auch neben ihm unter seinem Mantel hervorschauen. So kann man das Tier in die Gesamtdarstellung eines Hirten einbeziehen. Ohne Zweifel wird man bei den Vorüberlegungen und beim Skizzieren unzählige Möglichkeiten entdecken, wie man diese Figurengruppe ausdrucksvoll gestalten kann. Fotos und Skizzen sollen hier zur Anregung dienen.
Zuletzt noch ein wesentlicher Punkt: Wir haben es mit einer Reihe von einzelnen Figuren zu tun. Schon bei der Auswahl unserer Skizzen sollten wir darauf achten, daß jede einen Teil des Ganzen darstellt, also die harmonische Beziehung der Gestalten zueinander das wesentliche Ausdrucksmittel ist, um die Gruppe zu einem einheitlichen Gesamtbild werden zu lassen.

Abb. 137 Der kniende König von Abb. 136 in Großaufnahme

Die rundplastische, figürliche Darstellung

Für die Gestaltung einer Vollfigur ist es wenig sinnvoll, hier eine konkrete Aufgabe zu beschreiben. Vielmehr sollten wir von uns aus das Bedürfnis verspüren, einer Idee, einem Motiv, Gestalt zu verleihen. Wie wir beim Handschmeichler, unserem ersten Versuch plastischer Gestaltung, die Ei- oder Tropfenform unserem Entwurf zu Grunde gelegt haben, arbeiten wir jetzt bei der Rundplastik mit kubischen Grundformen, d.h. dreidimensional. Wir bedienen uns der Grundelemente Kugel, Zylinder, Würfel und Kegel. Das Material fordert Stimmigkeit und Geschlossenheit der Gestalt, was schon in der Zeichnung deutlich werden sollte. Dabei streben wir nach ausgewogenen Proportionen und klarer Linienführung. Detailformen wird man zugunsten von Ausdruck und Form auf ein Minimum beschränken, so daß nur die größeren Formen zur Geltung kommen.
Es ist zweckmäßig, sich zunächst Bleistiftskizzen anzufertigen und anhand von Plastilin, Ton oder Wachs auszuprobieren, wie unsere Vorstellungen am besten umgesetzt werden können. Aber selbst bei diesen Vorstudien sollten wir immer unser Material, das Holz, im Auge behalten. Bei der rundplastischen Figur kommt es in erster Linie auf den konstruktiven Aufbau und die proportional richtige Gestaltung an. Das Vor-Modellieren hat den Vorteil, daß sich das weiche Material Stück für Stück aufbauen läßt, bis sich die Figur in ihren Grundzügen herauskristallisiert. Ist die Grundform soweit modelliert, können wir mit der feineren Ausarbeitung beginnen.

Abb. 138 Ein Bergarbeiter (Schülerarbeit)
Abb. 139 Stehende Figur (Schülerarbeit)

Abb. 140 Nußknacker

Modellieren ist viel einfacher und weniger riskant, als gleich das Holz zu bearbeiten. In dem weichen Material kann man nach Belieben die Form verändern und Bewegungen ausprobieren, indem man Material aufträgt oder wegnimmt, bis man seine Vorstellung von Ausdruck und Gestalt realisiert hat. Was man hingegen vom Holz einmal weggeschlagen hat, läßt sich nicht mehr ersetzen, und ein schönes Stück wäre im wahrsten Sinne »verhauen«. Allerdings sollte man es dann nicht einfach wegwerfen, sondern mit Mut und Phantasie etwas Neues daraus gestalten.

Abb. 141–143 Die Rundplastik. Verschiedene Beispiele

Wenn wir unser Modell fertiggestellt haben und uns über die Größe unseres Schnitzwerkes klargeworden sind, kann es an die eigentliche Arbeit gehen: Eine mittelgroße Figur gestalten wir am besten aus verleimten Hölzern. Verwenden wir aber einen Halb- oder Vollstamm, so sollten wir die Arbeit im noch frischen Holz anschlagen. Um zu verhindern, daß der Vollstamm beim Trocknen sofort reißt, müssen wir die Figur anschließend aushöhlen und trocknen lassen, bevor wir daran weiterarbeiten.
Nachdem der Holzblock zugerichtet ist, schaffen wir eine ebene Fläche, auf der wir die Umrißform unserer Figur aufzeichnen. Dann sägen oder schlagen wir mit dem Eisen das Holz außerhalb der Umrißlinie weg, bis die grobe Grundform sichtbar wird. Dazu spannen wir den Klotz mit den Bankhaken in der Werkbank ein.
Wenn die Figur soweit bearbeitet ist, ist es ratsam, die Figur aufzustellen und mit der Figurenschraube zu befestigen. Jetzt beginnt das Anschlagen. Mit Holzklüpfel und breiten Bildhauereisen arbeiten wir die Figur heraus. Alle Details legen wir in einfachen, durch Kanten und Linien begrenzten Flächen an. Dazu ist es notwendig, immer wieder von neuem Linien und Punkte zeichnerisch zu fixieren, da wir ja beim schrittweisen Herausarbeiten der Form die bestehenden Linien fortwährend wegschlagen.
Wenn wir dann mit unserer Arbeit so weit fortgeschritten sind, daß unsere Figur in Proportion und Bewegung unserer Vorstellung entspricht, ist es Zeit, feineres Werkzeug zu verwenden. Erst mit kleineren, schlanken Eisen können wir die Feinheiten herausholen und die Figur sauber schneiden.
Raspel, Feile und Schleifpapier helfen, die letzten Unebenheiten zu glätten und zu beseitigen, bis Form und Maserung voll zur Geltung kommen. Zur Verstärkung der Maserung können wir die Oberflächen mit Öl, Beize oder Mattierung behandeln.

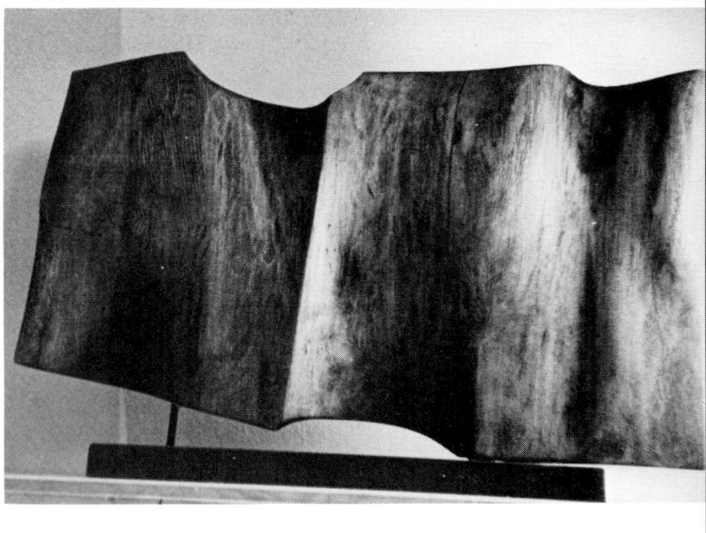

◂ *Abb. 144 Christophorus (Schülerarbeit)*

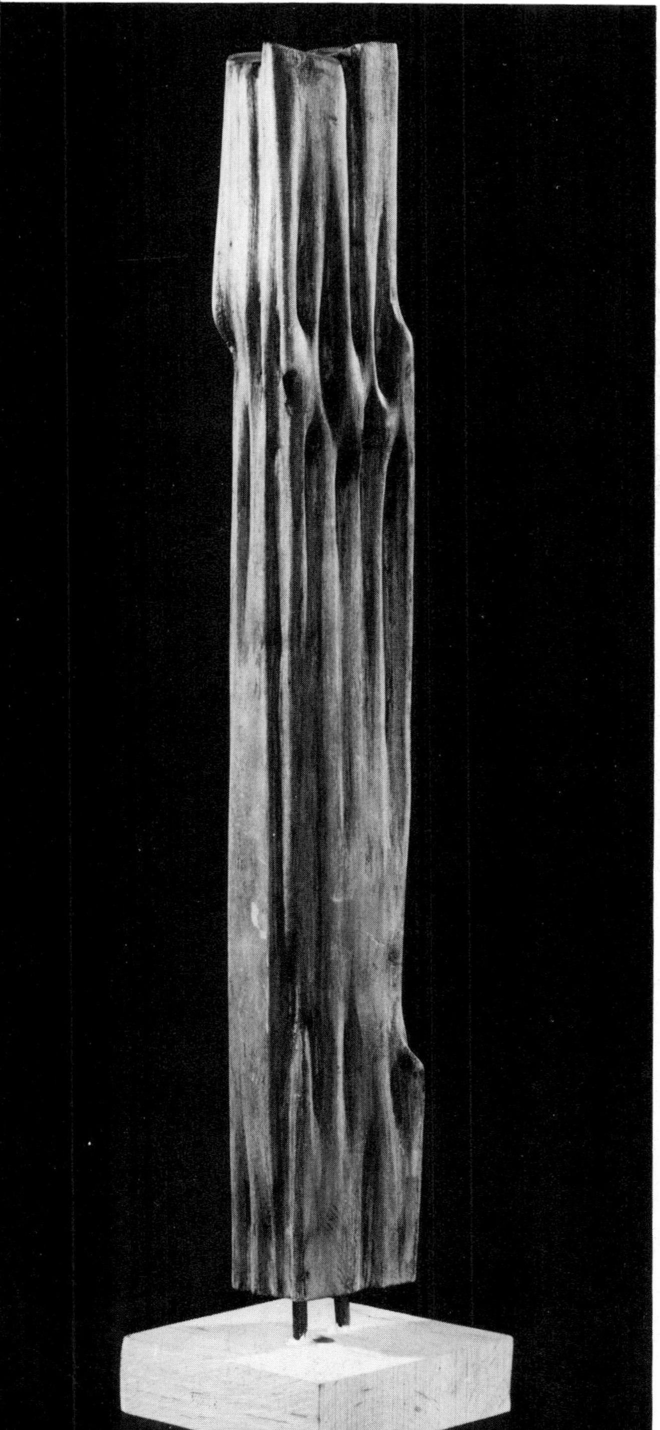

Abb. 145+146 Entwürfe zu gegenstandslosen Plastiken

Oberflächenbehandlung

Ob die Oberfläche von Holzschnitzereien behandelt werden sollte, ist eine reine Geschmacksfrage. Viele Holzschnitzer lehnen jede Oberflächenbehandlung, die über einen natürlichen Holzschutz hinausgeht, ab.
Wenn man sich aber dazu entschlossen hat, sollte man immer daran denken, daß Form und Ausdruck der Arbeit an erster Stelle stehen. Die Anwendung von Beizen, Wachsen, Ölen und Farben hat die Aufgabe, die Schönheit der Form zu unterstreichen, und nicht, sie zu ihrem Nachteil zu verändern.
Manche Holzarten, wie etwa Eiche, gewinnen mit den Jahren an Schönheit. Wenn sie darüber hinaus noch der Witterung ausgesetzt sind, bekommen sie einen silbrigen Schimmer. Holzarten wie Linde und Lärche, d. h. in ihrer Konsistenz ausdruckslosere Hölzer, können durch eine entsprechende Oberflächenbehandlung wertvoller und interessanter wirken
Heute verfügt der Handel über ein breites Angebot an Holzschutz- und Veredelungsmitteln.

Das Wachsen

Wachsen bietet guten Schutz vor Staub und Schmutz, verändert das natürliche Aussehen des Holzes nur wenig, verleiht ihm aber einen feinen, lebendigen Glanz. Einfaches Bodenwachs, mit etwas Terpentin verdünnt und mit einem Pinsel aufgetragen, ist die unkomplizierteste Methode. Wenn das Wachs gut in das Holz eingezogen ist, läßt man es noch einige Zeit trocknen. Zum Schluß bürstet man das Schnitzwerk mit einer weichen Bürste, bis ein zarter Glanz entstanden ist.
Eine ältere, gediegene, aber etwas aufwendige Methode ist das Wachsen mit Bienenwachs. Dazu wird echtes Bienenwachs fein geraspelt, mit Terpentin verdünnt und daraus ein dünner Brei gerührt. Das Auftragen erfolgt in derselben Weise wie beim Bodenwachs.

Das Beizen

Durch Beizen kann man Holz farbig tönen. Stumpfes, langweilig wirkendes Holz wird damit aufgefrischt, bei anderem Holz kann man die natürliche Schönheit hervorheben.
Farbstoffbeizen bestehen aus reinen Farbstoffen und Zusätzen, die ein gleichmäßiges Einziehen in das Holz gewährleisten. Sie sind in einer Vielzahl von Farbnuancen in Drogerien oder im Fachhandel erhältlich. Am gebräuchlichsten sind Wasserbeizen, die in heißem Wasser aufgelöst werden und nach dem Erkalten sofort gebrauchsfertig sind. Es empfiehlt sich, zuvor auf einem Abfallstück Farbproben vorzunehmen. Genaue Anleitungen stehen auf den Verpackungen der jeweiligen Produkte bzw. Hersteller.
Wichtig:
- Vor dem Beizen muß das Holz sorgfältig abwechselnd geschliffen und angefeuchtet werden; dabei Schleifpapier in aufsteigender Zahl benutzen bis Nr. 220/240.
- Nach jedem Schleifvorgang Holz anfeuchten, gut trocknen lassen und mit feinerem Papier erneut schleifen.
- Zum Schluß den Schleifstaub sorgfältig aus den Poren bürsten.
- Immer von unten nach oben beizen.
- Vor jedem Beizansatz eine Beizprobe durchführen, wenn nötig verdünnen.

Nadelholz eignet sich nicht zum Beizen, da das Holz die Beize nicht eindringen läßt.

Das Ölen

Durch eine Behandlung mit Öl erreicht man eine wesentlich intensivere Wirkung als mit Wachs. Es läßt die Maserung besonders hervortreten, wodurch die Oberfläche kontrastreicher erscheint. Bei Holz mit gleichmäßiger, zurückhaltender Maserung wird man eine sehr angenehme, belebende Wirkung erzielen.
Stark gemaserte Hölzer ölt man nur dann, wenn durch das Hervortreten der Maserung die Form unterstützt wird. Für eine in ihrer Form schlicht gehaltene Schale kann eine interessante Maserung sehr vorteilhaft sein, während man eine differenzierte Form durch zu starkes Hervorheben der Maserung optisch zerstören kann.
Es empfiehlt sich, Leinöl oder, für Gebrauchsgegenstände, ein Mageröl zu verwenden. Damit tränkt man das Holz ausgiebig mit einem Pinsel. Anschließend läßt man es einige Tage trocknen, bis das Öl gut eingezogen ist. Zum Schluß wird ein dünner Wachsüberzug aufgetragen, um zu verhindern, daß das Öl zu schnell verdunstet.

Das Vergolden

Eine weitere Möglichkeit, die Oberfläche lebendiger erscheinen zu lassen oder besonders hervorzuheben, etwa bei der Schriftschnitzerei, bei einzelnen Stellen eines Reliefs oder auch einer Vollplastik, bietet das Arbeiten mit Blattgold. Das Gold sowie das dazu notwendige Anlegeöl erhält man im Fachhandel für Malbedarf oder in speziellen Drogerien.
Für das einfache Vergolden muß der Untergrund sorgfältig geglättet werden, trocken, staub- und fettfrei sein. Nun trägt man das Anlegeöl mit einem Pinsel gleichmäßig auf die Stellen auf, die vergoldet werden sollen. Danach muß das Öl etwa drei Stunden trocknen. Ob es den richtigen Trocknungsgrad erreicht hat, testet man, indem man mit den Fingern über die grundierte Fläche streicht. Fühlt man dabei einen leichten Widerstand, so kann man mit dem Vergolden beginnen.

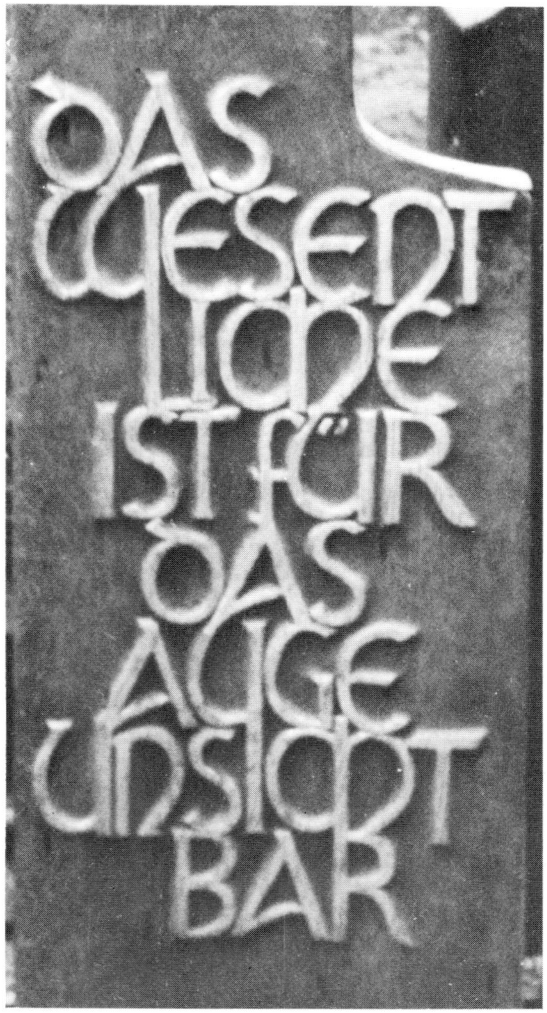

Abb. 147 Vergoldete Schrift

Transfergold haftet auf seinem Papieruntergrund. Man schneidet es vorsichtig mit der Schere zu, legt es dann auf den mit Anlegeöl vorbehandelten Untergrund auf und drückt es leicht an. Die überstehenden Reste werden mit einem Pinsel abgenommen. Zum Schluß wird das Gold dann mit Watte oder einem Vergolderpinsel geglättet.

Ein Stück alte Handwerkskunst

Am Anfang dieses Buches haben wir in einem kurzen historischen Exkurs erfahren, daß das Schnitzen zur Herstellung von Gebrauchsgegenständen, aber auch von Schmuck und zur Schaffung von Bildwerken, auf eine lange Tradition zurückblickt. Immer wieder wurden wir darauf hingewiesen, wie wichtig es ist, genau zu arbeiten, das Holz richtig zu behandeln, auf das richtige Werkzeug zu achten usw. D.h., überall war handwerklich angemessene Arbeit gefordert. Und Handwerk, handwerkliche Meisterleistungen sind auch die Höhepunkte der Holzschnitzerei in der Geschichte, der Gotik, im Barock und im Rokoko. Nur ihr solides Können machte es Meistern wie Tilman Riemenschneider oder Veit Stoß möglich, ihre großartigen Holzfiguren zu schaffen, die Altäre und kunstvollen Figurengruppen mit weit in den Raum greifenden Gesten zu gestalten.
Das gleiche hohe handwerkliche Können erforderte das Bemalen oder Vergolden von Holz. Diese Techniken wurden durch Jahrhunderte tradiert. Die Beschreibung der Holzvergoldung in einer solchen Technik soll dieses Buch abschließen. Ich habe sie noch bei meinem Professor, Ernst Rülke, während der Ausbildung erlernt. Der Text gibt etwas von der handwerklichen Präzision wieder, ohne die Vergolden, aber auch Holzschnitzen, undenkbar wären.

Die Glanzvergoldung auf Holz

Glanzvergolden ist eine diffizile Angelegenheit. Jeder Arbeitsgang will wohlüberlegt, mit Ruhe und größter Sorgfalt ausgeführt sein.
Der Gegenstand aus Holz, der vergoldet werden soll, wird zunächst mit Leimwasser getränkt (je nach Holzart ca. 150 bis 200 g guten Kölner Leim mit ¾ Liter Wasser kochen und einen Teelöffel Kochsalz zusetzen). Es ist sehr wichtig, dem Leimwasseranstrich für das Holz die richtige Stärke zu verleihen. Diese ist jedoch bei jeder Holzart verschieden: Bei weichen Holzarten muß das Leimwasser stärker sein als bei härteren, also eine höhere Konzentration an Leim aufweisen. Lindenholz erfordert das stärkste Leimwasser, Fichtenholz weniger starkes und Eiche das schwächste. Die richtige Grundierung mit Leimwasser ist daran zu erkennen, daß der Anstrich vollständig in das Holz eingezogen ist und die Poren sich geschlossen haben.
Als nächstes muß der Gegenstand mit Kreidegrund bestrichen werden. Dafür läßt man 1½ Pfund guten Tafelleim mit 2½ Liter Wasser etwa 12 Stunden lang ziehen. Danach wird sich eine Lösung am Boden abgesetzt haben; das oben schwimmende Wasser wird weggegossen und durch die gleiche Menge frisches Wasser ersetzt. Dieser Vorgang ist sehr wichtig.
Nun wird das Leimwasser solange erhitzt, bis sich der Leim aufgelöst hat und vollkommen klar ist. Auf keinen Fall darf die Lösung trüb sein. Dann gießt man sie durch ein Haarsieb oder einen Leinwandbeutel und streut in den noch heißen Leim durchgesiebte Bologneser Kreide oder China Clay vorsichtig mit der Hand ein. Dabei ist zu beachten, daß diese Handvoll Kreide vollständig absorbiert ist, bevor man weitere Kreide einstreut. In dieser Weise ist fortzufahren, bis keine Kreide mehr einzieht und fingerdick oben liegenbleibt. Dann wird der Topf heiß gestellt und bleibt dort so lange stehen, bis sich die Kreide mit dem Leim verbunden hat. Dies dauert ungefähr eine Stunde. Ist nun die Kreide ganz vom Leim aufgesogen, rührt man gut durch, bis die Masse klar ist. Man erkennt die richtige Stärke daran, daß der Kreidegrund in einem bündigen Strahl vom Pinsel läuft. Der Kreidegrund darf also nicht zu dick, aber auch nicht so dünn sein, daß

Abb. 148 Vergoldetes Relief

er wie Wasser vom Pinsel fließt. Ist der Kreidegrund richtig angesetzt und gelungen, so kann das Grundieren beginnen!
Jeder Gegenstand, der vergoldet werden soll, benötigt acht Anstriche. Es ist Grundbedingung, daß das aufgetragene Leimwasser vollständig durchgetrocknet ist. Das erste Auftragen des Kreidegrundes darf niemals streichend geschehen, sondern muß tupfend ausgeführt werden: Mit senkrecht gehaltenem Pinsel wird Tupfen an Tupfen gesetzt. Der Kreidegrund ist dabei noch heiß. Es ist darauf zu achten, daß die Stellen nicht ein zweites Mal getupft werden. Wenn auch beim ersten Mal hie und da kleine Stellen nicht getroffen werden, so macht das nichts aus, denn beim zweiten und dritten Auftragen werden diese Stellen gedeckt. Es ist sehr wichtig, den ersten Auftrag mit Kreidegrund recht heiß vorzunehmen, den zweiten und dritten nur lauwarm, aber ebenfalls *tupfend*. Der vierte und alle weiteren Anstriche werden auch nur lauwarm, aber *streichend* ausgeführt. Beim vierten und den folgenden Anstrichen kann je ein Eßlöffel reines Wasser zugesetzt werden.
Bei den beiden letzten Anstrichen, vor allem beim letzten, wird der Kreidegrund so verdünnt, daß er gleichmäßig verläuft und wie eine weiße Lackierung aussieht.
Große Aufmerksamkeit verlangt auch das Trocknen des Kreidegrundes. Niemals darf das Trocknen an der Sonne oder am heißen Ofen geschehen. Gewöhnliche Zimmertemperaturen von 16–18 °C sind am besten. Bei diesen Temperaturen braucht jeder Auf- bzw. Anstrich sechs bis acht Stunden zum Trocknen. Es ist vorteilhaft, den Kreidegrund im Wasserbad heiß zu machen und lauwarm zu halten, also nicht auf offenem Feuer zu erhitzen. Sauberkeit und reine Gefäße sind Grundbedingung.
Schleifen mit Bimsstein und Schachtelhalm und Nachbessern mit Graviereisen: Sind die Anstriche mit Kreidegrund wie angegeben aufgetrocknet, kann man zum Schleifen übergehen.

Mit einem sauberen Schwamm feuchtet man eine kleine Stelle an und schleift diese mit einem geeigneten Stück Bimsstein in kleinen runden Kreisen so lange, bis sie geebnet ist. Dann wischt man schnell den abgeschliffenen Grund mit dem gut ausgedrückten Schwamm ab und fährt einige Male mit dem naßgemachten Finger über die geschliffene Stelle, um etwaige kleine Risse oder Löcher zuzustreichen. Natürlich darf man den Kreidegrund nicht übermäßig anfeuchten, da er sonst zu sehr aufweicht. Auch darf niemals übersehen werden, daß ein Wassertropfen den Kreidegrund rasch bis aufs Holz durchweicht und später nur sehr mühevoll wieder ausgebessert werden kann. Also auch beim Schleifen ist Sauberkeit erstes Gebot!

Sehr kaltes und reines Wasser ist von großem Vorteil, bei Arbeiten im Sommer empfiehlt es sich, in Schleifwasser reines Eis einzulegen, damit es nicht zu warm wird. Man sollte peinlichst darauf achten, daß vorstehende Kanten und Ornamente nicht bis zum Holz durchgeschliffen werden.

Ist der Gegenstand sauber geschliffen und durchgetrocknet, so kann mit dem Nachbessern mittels des Graviereisens begonnen werden. Es ist unvermeidlich, daß beim Grundieren mit dem warmen Kreidegrund feinere Linien und Vertiefungen vollaufen und der Gegenstand dadurch an Aussehen verliert. Man bessert also derartige Stellen mit dem Graviereisen aus, damit die ursprüngliche Form wieder zur Geltung kommt.

Löschen, Polimentansetzen und Auftragen

17 Gramm guten Tafelleim einweichen, kochen und durch ein reines Leinwandsäckchen gießen; mit kaltem Wasser so verdünnen, daß die Menge zusammen ¼ Liter ergibt. Dieses Leimwasser dient zum Löschen. Von diesem Leimwasser wird soviel, wie man für den Gegenstand benötigt, in ein sauberes Gefäß gegossen und erhitzt. Mit einem Haarpinsel werden die geschliffenen Kreidegrundstellen, die Glanzgold erhalten sollen, mit einem gleichmäßigen, nicht zu fetten Anstrich versehen. (Diesen Arbeitsgang nennt man »löschen«.) Die richtige Zubereitung des Poliments ist ausschlaggebend für das Gelingen der Polimentglanzvergoldung, sowohl in Blattgold als auch in Bronze.

Gold- oder Silberauftragen (Polieren)

Zur Glanzvergoldung braucht man ein kleines Bierglas, einen Eßlöffel reinen Spiritus (keinen Brennspiritus) und 1½ Eßlöffel kaltes Wasser. Dieses zusammen ergibt den Netzspiritus, die sogenannte Netze, das Bindemittel für das Blattgold. Im Vergolderkissen legt man das Poliergold (beste Qualität) ein und schneidet es mit dem Vergoldermesser auf die erforderliche Größe zu. Die Stelle, die Glanzgold erhalten soll, feuchtet man mit dem Netzspiritus an und legt das Gold vorsichtig auf. Immer darauf achten, daß unter dem aufgelegten Gold keine Luftbläschen enthalten sind und daß das Gold nur auf gut angefeuchteten Stellen aufgelegt wird. Sollten sich beim Auflegen des Goldes trotzdem kleine Luftbläschen zeigen, müssen sie mit einem Haarpinsel angedrückt werden.

Ist das Auflegen des Goldes gelungen und sind alle sonstigen Vorschriften beachtet worden, kann nach ein bis zwei Stunden poliert werden. Dies geschieht mit einem weichen Wollappen, Watte oder Fensterleder. Auf keinen Fall darf der Polimentgrund noch feucht sein – die schönste Vergoldung ist verdorben, wenn dies nicht beachtet wird!

Die vorstehenden Anweisungen sollten lediglich einen Überblick über die Arbeitsweise geben, aber man wird daraus ersehen, worauf es hauptsächlich ankommt. Jeder entwickelt mit der Zeit seine eigenen Tricks und Kniffe.

Bei der Polimentglanzvergoldung ist natürlich einige Übung und auch etwas Fingerspitzengefühl nötig. Es empfiehlt sich, auf einem extra Stück eine Probevergoldung zu machen, um eventuelle Mängel festzustellen. Die Polimentglanzvergoldung kann auch mit den sogenannten Polierbronzen in Gold und Silber vorgenommen werden.

Die Polimentglanzversilberung mit echtem Blattsilber, also Glanzsilber, funktioniert in der gleichen Weise wie beim echten Blattgold.

Sachregister